MEMOIREN

ÜBER

DIE PEST ZU TOULON

VON

JEAN D'ANTRECHAUS

AF187265

MEMOIREN

ÜBER

DIE PEST ZU TOULON

Ein Augenzeugenbericht

VON

JEAN D'ANTRECHAUS

Aus dem Französischen übersetzt

von

Adolph Freiherrn Knigge

Herausgegeben, bearbeitet und
mit ergänzenden Fußnoten versehen, nach der Ausgabe:

Herrn von Antrechau's
Ritters des Orden vom heil. Michael und damaligen ersten Bürgermeisters in
Toulon merkwürdige Nachrichten von der Pest in Toulon, welche im Jahr 1721
daselbst gewüthet hat. Aus dem Französischen übersetzt von
Adolph Freiherrn Knigge.
Hamburg 1794.

Impressum:
© 2020 Conrad Thiess (Hrsg. u. Bearb.)
Herstellung und Verlag: BoD – Books on Demand, Norderstedt.
ISBN: 978-3-75191-604-2

AN

MONSIEUR DE MACHAULT,

Siegelbewahrer, Staatsminister,

und Chef des Seewesens in Frankreich.

———◆◆◆———

Gnädiger Herr!

SO schrecklich das Bild des Elends ist, in welches die Stadt Toulon im Jahre 1721 durch die Pest gestürzt wurde; so nützlich ist es, dies Bild mit allen seinen Greueln den Augen der Nachkommenschaft darzustellen. Durch unsere Erfahrung und selbst durch unsere Fehler belehrt, wird sie, besser wie wir, sich gegen die Fortschritte einer so fürchterlichen Plage zu sichern wissen. Die Bemerkungen, welche ich über die kleineren Umstände gemacht habe, die bei einem so grausamen Elend vorfallen, betreffen das Fach der Staatsverwaltung, das Ihnen, gnädiger Herr! anvertraut ist, und nur Sie können den Wert derselben beurteilen. Allein das ist nicht die einzige Ursache, warum ich es wage, Ihnen den Bericht, welchen ich der Öffentlichkeit erstatte, zu widmen; sondern ich habe auch geglaubt, es sei schicklich, ein Werk, das die Erhaltung des Menschengeschlechts zum Gegenstand hat unter dem Schutz eines Ministers erscheinen zu lassen, der sich nur mit Beförderung des Menschenwohls beschäftigt und für diese edle Tätigkeit nicht einmal Lob ernten will.

Ich bin mit der tiefsten Ehrerbietung etc.
Jean d'Antrechaus

Vorbericht des Verfassers.

ICH habe bei Herausgabe dieses Werks keinen anderen Zweck, als den, der Nachwelt nützlich zu werden. Da ich ein Augenzeuge bei den Verwüstungen gewesen bin, welche die Pest im Jahre 1721 beinahe zehn Monate hindurch in Toulon anrichtete; so setzt mich meine Erfahrung in den Stand, unseren Nachkommen Mittel vorzuschlagen, sich gegen diese Seuche zu verwahren, oder ihre Fortschritte zu hemmen. Damals waren mir diese Mittel unbekannt und sie würden es vielleicht noch lange bleiben, wenn es mir nicht die Menschlichkeit zur Pflicht machte, sie darzustellen.

Die Geschichte des 17. Jahrhunderts erzählt uns freilich, welche Verheerungen die Pest in der Provence angestellt hat; allein die Kenntnis davon kann uns nur erschrecken; Vorschriften zur Sicherheit und Heilung gibt sie uns nicht. Wenn wir in unserem Archiv Nachrichten gefunden, woraus wir die Maßregeln erfahren hätten die man ehemals in ähnlichen Kalamitäten genommen: so würden wir die Gegenmittel besser nach unseren Bedürfnissen haben wählen können. Aber welchen Entschluß konnten wir fassen, als uns die Pest überfiel und wir in den alten Registern des Rathauses, in denen wir nachsuchten, keine andere Nachricht fanden als an welchem Tage die Pest angefangen und an welchem sie aufgehört hätte? Die Unwissenheit, in der wir alle über die Vorkehrungen bei ähnlichen Vorfällen schwebten, war Schuld daran, daß wir blindlings alles unterschrieben, was man vorschlug, ohne zu wissen, ob die Ausführung möglich, nützlich, oder schädlich wäre. Unsere Nachfolger würden Gefahr laufen, ebenso zu handeln, wenn sie nicht besser unterrichtet würden, wie wir es damals waren.

Ich werde dies Werk in Kapitel einteilen, in jedem derselben zuerst die Vorkehrungsmittel bekanntmachen, welche eine Stadt vor der Pest sichern können und dann die Unglücksfälle genauer schildern, welche Toulon betroffen haben. Jede Stadt in der Provence, wohin die Seuche gedrungen ist, kann auf sich dasjenige anwenden, was ich über Toulon sagen werde; und sollte je irgendeine Stadt durch die Pest heimgesucht werden; so darf ich mich schmeicheln, daß ihr dies Werk nicht unnütz sein wird. So wenigstens hat eine der vornehmsten obrigkeitlichen Personen im Königreich davon geurteilt und ich mache mir eine Ehre daraus, dies Zeugnis hier abdrucken zu lassen.[1]

---

[1] Anm. d. Übers.: Nun folgt im Französischen ein langer Brief des Monsieur Joly de Fleury, Generalprokurators des Parlaments von Paris, an den Verfasser, voll Lobsprüche, deren Übersetzung für den deutschen Leser wenig Interesse gehabt, haben würde, weswegen ich denn diesen Brief hier nicht einrücke.

Inhalt.

---

[2] Anmerk. d. Hrsg.: Kleine, wendige, ein- bis zweimastige Segelschiffe.

(11)

(12)

MEMOIREN
ÜBER
DIE PEST ZU TOULON

1. Kapitel.
Welche Vorkehrungen die Regierung in einer Provinz treffen muß, in welcher die Pest sich offenbart.

DIE Pest ist eine von den Landplagen, welche in kurzer Zeit einen Staat entvölkern können. Sie ist ein um so fürchterlicherer Feind, je unbemerkter er auf uns eindringt. Ihr Hauch verbreitet Gift und Tod, bekämpft nicht etwa die Völker, sondern vertilgt sie vielmehr. Diese grausame Krankheit machte nur deswegen so schnelle Fortschritte in der Provence, weil niemand ihren Lauf zu hemmen verstand. Man hätte den Befehlen des Hofes zuvorkommen müssen, der immer zu spät davon unterrichtet wird und also nicht sowohl der Unordnung, welche das Übel schon gestiftet hat, abhelfen, als vielmehr Verordnungen für die Zukunft geben kann.

Um daher eine Provinz vor der Gemeinschaft zu sichern, welche sie immer zu lange mit einer angesteckten, oder der Anstekkung verdächtigen Stadt unterhält, wäre es zu wünschen, daß der König eine Verordnung ergehen ließe, durch welche alle Obrigkeiten der Städte, Flecken und Dörfer des Königreichs, unter den schwersten Strafen, verpflichtet würden, sobald sich dort Spuren der Ansteckung zeigten, in den ersten 24 Stunden dem Kommandanten und Intendanten der Provinz, oder, wenn diese abwesend wären, dem Generalprokurator des Parlaments Nachricht davon zu geben.

So schnell man nun aber auch eine solche Verordnung befolgen möchte; so wird sie doch nur unvollkommen das Gute stiften, welches man sich davon versprechen kann, wenn die Obrigkeiten nicht den Absichten des Königs entgegenkommen.

Sie müssen die Macht haben, zu gleicher Zeit, sowohl den Bürgern, wie denen, welche sich von ungefähr in ihrer Stadt befinden, bei Lebensstrafe zu untersagen, das Gebiet zu verlassen.

Man wird leicht die Gerechtigkeit und Notwendigkeit dieser Verordnung begreifen, wenn man nur mit geringer Aufmerksamkeit die große Gefahr betrachtet, in welche die Provence und selbst ganz Frankreich dadurch gestürzt wurde, daß man kein Gesetz hatte, welches die Schritte der Munizipalbeamten leitete. Es ist gewiß, daß ein einziger Kranker, welcher von der Pest angesteckt ist, eine ganze Stadt verdächtig macht.

Auch nur der kleinste Argwohn bewirkt dies, weil das Übel sich nicht immer unleugbar bei denjenigen offenbart, die zuerst davon befallen werden. Nun kann aber die unvermeidliche Gemeinschaft dieses ersten Kranken mit seiner Familie, seinen Nachbarn und in allen Quartieren einer Stadt, wo diese Familie und ihre Nachbarn einigen Umgang gehabt, gefährliche Spuren des Gifts zurückgelassen haben, die nicht sogleich sichtbar werden.

Auch haben (so kurz auch der Zeitraum sein möchte) diejenigen, welche etwas von dieser Ansteckung und die, welche nichts davon wußten, die Freiheit gehabt, in der Provinz umher, von einem Flecken und Dorf zum anderen zu reisen und wiederzukommen, folglich aus gesunden in angesteckte Örter und umgekehrt zu gehen. Diese Gemeinschaft, welche noch gar nicht gefährlich scheint, kann jedoch so ausgedehnt und allgemein geworden sein, daß es der Klugheit gemäß ist, gegen eine solche Provinz auf seiner Hut zu sein; und der Hof kann dann nicht schleunig genug befehlen, daß Linien auf den Grenzen gezogen und diese zu überschreiten verboten werde.

Es hat mich immer gewundert, und ganz Europa muß es aufgefallen sein, daß die Pest, welche im Jahre 1720 Marseille verwüstete, nicht im ganzen Königreich sich ausgebreitet hat. Indes man über die Art der Krankheit stritt, war es nicht nur erlaubt, die Stadt zu verlassen, sondern, selbst als sie offenbar für die Pest erkannt wurde, behielten die Einwohner dieser ungeheuren Stadt, die zu den bevölkertsten von Frankreich gehört, und alle Fremden, welche sich dort befanden, die Freiheit, sich einen anderen Zufluchtsort zu wählen, alle Gemeinschaft zu unterhalten und nach Willkür die ganze Provinz zu durchreisen, ohne daß jemand sich weigern durfte, sie aufzunehmen. Was müßte man nicht natürlicherweise von einer so gefährlichen Freiheit erwarten; was anders, als die gänzliche Verheerung einer solchen Provinz, die allgemein angesteckt sein konnte, bevor man noch daran gedacht hätte, sich davor zu verwahren?

2. Kapitel.

Erster Gegenstand, den derjenige vor Augen haben muß, welcher in der Provinz die Obergewalt hat. Die Pest ist ein schwer zu bekämpfender Feind. Man kann nicht genug auf schnelle Hilfe von seiten des Hofes dringen.

DER Kommandant der Provinz soll immer zur Zeit der Pest den Mangel königlicher Befehle ersetzen. Wenn er früh genug das Unglück erfährt; (er erfährt es aber stets zu spät, wenn nicht eine Strafe auf die Verheimlichung gesetzt ist) so ist es seine Pflicht, ohne Verzug, bei Lebensstrafe zu verbieten, den angesteckten Ort zu verlassen. Dies Verbot muß sich auch auf diejenigen erstrecken, welche ohne seine Erlaubnis dahin reisen würden, und man kann in solchen Umständen nicht genau genug nach dem wahren Zweck einer Reise forschen, von welcher die Rückkehr so viel Gefahr bringen könnte. Würden, ungeachtet der strengen Gesetze, sich Leute finden, die ihre Absicht verhehlten, Umwege nähmen, wie wir das mehrmals erfahren haben, und also bis zu den Grenzlinien einer Stadt gelangten, wo man ihnen, wenn sie keinen Paß hätten, notwendig den Eingang verwehren würde; so hat es keinen Zweifel, daß man sie mit dem Tode bestrafen müßte. Denn was soll man mit diesen Landstreichern anfangen, die vielleicht die Pest haben? Soll man sie aufnehmen, oder, wenn man sie zurückschickt, sie in den Fall setzen, hier und da herumzuirren und mehrere Örter anzustecken? Ich denke, wenn man nicht den ersten Übertreter des

Gesetzes, welchen man ertappte, bestrafte, sondern ihm im Gegenteil den Aufenthalt erlaubt, wie denn das nicht zu ändern wäre; so würde daraus folgen, daß man sein Leben nur um wenige Tage fristete und, wenn er an der Pest stürbe, die Vorteile eines Beispiels verlöre, dessen Wert nicht hoch genug geschätzt werden kann.

Über die Strenge aber, mit welcher man solche Vorkehrungen trifft, muß man nicht die unglückliche Stadt aus den Augen verlieren. Der Kommandant der Provinz soll die schleunigsten Maßregeln ergreifen, um Lebensmittel im Überfluß dahin zu schaffen und überhaupt für alle ihre Bedürfnisse zu sorgen, indem er in der Entfernung einer starken französischen Meile[3] Grenzlinien und Schlagbäume errichten läßt, bei welchen die Einwohner von ihren Nachbarn Lebensmittel kaufen können. Es ist ratsam, bei jedem Schlagbaum einen sicheren Aufseher anzustellen, der Entschlossenheit habe und in der Nähe darüber wache, daß alle Gemeinschaft vermieden werde. Man nahm gegen Marseille diese notwendigen und unvermeidlichen Maßregeln erst dann, als die Pest gleichsam allgemein war, das heißt: man hörte da auf, wo man hätte anfangen sollen.

Dieser Beistand unserer Nachbarn dauert nicht lange. Bald schrecken die Fortschritte der Seuche jedermann ab; die allgemeine Mutlosigkeit bewirkt, daß niemand sich den Grenzlinien nähert, so daß die unglückliche Stadt nun auf nichts, als auf die Gnade des Königs rechnen kann, dessen Hilfe sie erfleht. Der Kommandant der Provinz kann nicht eifrig genug so gerechte Vorstellungen unterstützen; er kennt selbst am besten die Bedürfnisse einer belagerten Stadt, die man dem König erhalten will; er muß also auch wissen, daß es keinen fürchterlicheren Feind wie die Pest gibt, daß sie mehr Schlachtopfer hinwegrafft und dem König mehr Untertanen raubt, wie die mörderischsten Schlachten.

Ein Kommandant weiß auch im allgemeinen, daß in diesem oder jenem Jahrhundert, unter dieser oder jener Regierung, die

---

[3] Anmerk. d. Hrsg.: 1 fr. Meile = 3898,07 Meter.

Pest diese oder jene Provinz verwüstet hat. Allein das ist auch alles, was er weiß. Die genaueren Umstände, wodurch die Kenntnis dieser Tatsachen nützlich werden könnte, sind ihm unbekannt. Mit einigen Zeilen hätten uns die Geschichtsschreiber darüber Auskunft geben können; ich habe aber nicht gefunden, daß die Kommandanten über diesen Gegenstand besser unterrichtet waren, wie die, welche unter ihnen dienten. Ein einziges Beispiel, das ich anführen will, wird vielleicht hinreichen, die Wahrheit dieser Behauptung zu beweisen.

In der Zeit, als wir in Toulon von niemand Befehle erhielten und wir, mit Bewilligung des Stadtkommandanten, Monsieur Dupont, es über uns genommen hatten, bei Lebensstrafe zu verbieten, nach Marseille zu gehen, unter welchem Vorwand es auch sein möchte, gab der Kommandant der Provinz eine Verordnung, durch welche jenes Verbot allein auf die Contrebandiers[4] eingeschränkt wurde, mit dieser sonderbaren Bedingung, daß, wenn man sie mit ihren Waren ertappte, sie einer Quarantäne von wenigstens 40 Tagen unterworfen sein und die ihnen abgenommenen Waren, bis auf weiteren Befehl, in das Rathaus, unter Beschluß der Bürgermeister, niedergelegt werden sollten. Dieselbe Verordnung besagte auch, daß die Gemeinen sich Stangen, an den Enden mit eisernen Haken versehen, anschaffen sollten, um mit weniger Gefahr die Leichname fortzuschaffen. Wir stellten Monsieur Dupont vor, daß, wenn diese Verordnung statthaben sollte, alle Trödler in Toulon, alle Contrebandiers und andere Leute dieser Art, morgenden Tages nach Marseille reisen würden, um einzukaufen, weil dort die Pest alle Preise heruntergesetzt hatte, daß man aber ohne offenbare Gefahr an keinem Ort dergleichen Waren niederlegen könnte, die vielmehr augenblicklich, sobald man sie genommen hätte, verbrannt werden müßten. Der Kommandant war so gütig unseren Vorstellungen nachzugeben, indem er eine Verordnung zurückhielt, die eigentlich das Verbot aufhob, welches wir

---

[4] Anmerk. d. Hrsg.: Schmuggler.

bekanntgemacht hatten, und über welches nicht streng genug gehalten werden konnte.

Was die Stäbe mit den eisernen Haken betrifft; so ist dies ein Hilfsmittel, das zu keiner Zeit anwendbar sein würde, wieviel weniger denn zur Zeit der Pest? Auf jeder Treppenstufe würden Glieder eines Leichnams hängenbleiben, den man also aus dem obersten Stockwerk eines Hauses herunterzöge. Man würde die Stange liegenlassen und die Stücke in einen Karren aufsammeln müssen. So wahr ist es, daß wir wenig davon wissen, was für eine Beschaffenheit es mit der Pest hat, wenn uns aus entfernten Zeiten nur ein schwaches Bild ihrer Greuel übrig geblieben ist.

Ich komme zu dem Beistand zurück, dem ein Kommandant der Provinz seine ganze Aufmerksamkeit widmen muß. Eine gesperrte und eingeschlossene Stadt darf an nichts Mangel leiden. Selbst im Überfluß leidet sie noch, wie ich das dartun werde. Die Einwohner sind darum nicht mehr und nicht weniger zu beklagen, weil man ihnen die Freiheit versagt, aus denen ihnen vorgeschriebenen Grenzen zu gehen. Wir werden sehen, daß, wenn man ihnen die Flucht gestattet, sie dadurch nichts gewinnen, indes sie denen großen Schaden bringen, welche die unglückliche Gefälligkeit haben, sie aufzunehmen. Der König braucht anfangs nur *Einer* Stadt beizustehen; seine, diesem einzigen Gegenstand gewidmeten Wohltaten fallen dem Staat nicht zur Last. Der Staat erhält sich gesunde Städte und Provinzen und läßt alle weitere Furcht fahren. Der König rettet tausenden von Einwohnern das Leben; das ist der unschätzbare Vorteil der ersten Hilfe, die man einer Stadt leistet. Ist sie im Gegenteil ihrem unglücklichen Schicksal überlassen, wie es der Fall mit Marseille war, und hat jeder Einwohner die Freiheit, auswärts Rettung und Unterhalt zu suchen; so breitet sich die Mutlosigkeit überall aus; die Pest wandert von einer Stadt in die andere, dringt über die Linie durch, bahnt sich einen Weg, setzt jede Provinz in Gefahr, und ganz Frankreich ist in Aufruhr. Das waren die unendlichen Leiden, die wir in der Provence aus der ersten Vernachlässigung entstehen sahen. Der König, als er unser Elend erfuhr, wurde gerührt und teilte mit vollen Händen seine Gaben, unermeßliche Gaben aus. Hätte man diese gleich anfangs allein auf die Bedürfnisse von Marseille einschränken können; so würde ein sehr viel geringerer Grad von Freigebigkeit hinreichend gewesen sein und wir würden nicht jene fürchterliche und schnelle Entvölkerung wahrgenommen haben, welche jedoch Vorteil bringen kann, wenn das Andenken so vieler Leiden auf die Nachkommenschaft gebracht wird.

3. Kapitel.

Die Flüchtlinge, welche eine Stadt, worin die Pest ist, verlassen, um anderer Orten, zu Haltung der Quarantäne, aufgenommen zu werden, laufen selbst oft größere Gefahr, als wenn sie in ihrer Heimat geblieben wären und setzen die Stadt, welche sie aufnimmt, einer unleugbaren Gefahr aus.

SOBALD der König oder der Kommandant der Provinz das Verbot hat ergehen lassen, daß niemand den verpesteten Ort verlassen darf; bleibt keinem mehr die Freiheit übrig, sich an den Toren einer Stadt zu melden, um die Erlaubnis zu erbitten, seine Quarantäne zu halten. Hierzu ist notwendig ein Paß erforderlich, den allein der Kommandant zu erteilen das Recht haben darf. Erlauben ihm besondere Rücksichten zuweilen nicht, denselben zu verweigern; so soll er wenigstens einsehen, wie gefährlich es sei, sich zu bereitwillig in Vervielfältigung solcher Erlaubnisscheine zu zeigen. Es ist, ich gestehe es, ein Unglück in einer der Pest wegen eingeschlossenen Stadt betroffen zu werden; es scheint natürlich, sie zu verlassen, um nach seinem Wohnort hinzufliehen, wo man sicherer sein würde; allein, um zu beurteilen, was für Ungemächlichkeiten daraus erwachsen, wenn man sein Mitleid weiter wie auf die wirklichen Einwohner ausdehnt, überlege man, daß man doch fast nur bei den großen Städten die Einrichtung eines, außer dem Bezirk gelegenen Quarantänehauses antrifft, und daß dies bald in ein Hospital verwandelt wird, wenn man nicht sehr schwierig in Erteilung der Erlaubnis ist, sich dahin zu begeben. Ist eine verpestete Stadt einige Meilen weit von einer anderen entlegen; wie viele gesunde Feldmarken, Wohnungen und Dörfer muß man dann nicht vorbeireisen, um von der einen zu der anderen zu kommen! Man traf im Jahre 1720 keine Vorkehrungen, um die Ansteckung der Landstraßen zu verhindern; und welche hätte man auch treffen sollen? Ich kenne keine, die vor der Gefahr sichern. Soll man denen, welche man durch Pässe begünstigt hat, ein Geleit auf den ganzen Weg mitgeben, oder soll man sie nach Willkür und auf Glauben reisen lassen? Soll man warten, bis sich mehrere zusammenfinden, welche die Unkosten und den Nutzen eines solchen Geleites teilen? Soll man ihnen bei den Schlagbäumen, oder wo sonst, die Sammelplätze anweisen? Soll man zugeben, daß dort ein Zusammenfluß von Menschen entstehe, der die weniger verdächtigen Familien größeren Gefahren aussetzt? Nein! wird man sagen, jeder solcher Zusammenfluß muß vermieden werden. Ich antworte aber: in der Pestzeit laufen zwei Personen, die, ohne sich zu kennen, miteinander Umgang haben, nachdem sie einen verpesteten Ort verlassen, dieselbe Gefahr, der man durch Verhinderung der größeren Zusammenkünfte ausweichen will.

Wenn bei der Austeilung einer ganz kleinen Anzahl von Pässen so viele Schwierigkeiten zu heben und zu übersteigen sind und man sich doch nicht einmal schmeicheln darf, sie alle aus dem Wege geräumt zu haben; wer kann dann alle Unglücksfälle voraussehen, die aus einer zu ausgedehnten, unbeschränkten Freiheit entstehen? Es ist daher genug und vielleicht zu viel, wenn man auf gewisse achtungswerte Personen besondere Rücksichten nimmt, oder auf diejenigen unter unseren Bürgern, die zufälligerweise abwesend sind, zu deren Vorteil es billig scheint, eine Ausnahme von der allgemeinen Vorschrift zu machen, insofern die Stadt, in welche sie aufgenommen zu werden wünschen, ihr wahrer gegenwärtiger Wohnort ist. Anders handeln, heißt sich mutwillig allen Greueln der Pest aussetzen, heißt sich selber einer falschen Gefälligkeit aufopfern, die nicht einmal immer den Vorteil bringt, daß dadurch diejenigen gerettet werden, die man aufnimmt. Wir haben die Erfahrung davon gemacht. Wie viele Familien haben ihren Untergang in der Flucht gefunden! Wer kann sagen, ob nicht die Pest sie verschont haben würde, wenn sie geblieben wären, wo sie waren?

4. Kapitel.

Von der Notwendigkeit, den schädlichen Gebrauch der Quarantänen von einer Stadt zur anderen zu untersagen. Was man zu erwarten hat, wenn man säumt, diesen Entschluß zu fassen. Beschreibung der Zufluchtshäuser. Wie nachteilig sie in allem Betracht sind. Unübersteigliches Hindernis bei ihrer Anlegung.

SO viele Vorkehrungen sind zu treffen; so viele Unkosten zu bestreiten, um Gebäude und verschlossene Plätze anzulegen, damit man mit einiger Sicherheit dasjenige aufnehmen könne, was aus einem verpesteten Lande kommt, daß es in Europa nur wenige Häfen gibt, in welchen man dergleichen Einrichtungen gemacht findet. Wir haben deren nur zwei in Frankreich. Der eine ist bei Marseille. Er ist geräumig genug, um in seinem Umfang eine kleine Stadt zu fassen, und diese Ausdehnung ist um so notwendiger, da man mehrerer Gebäude bedarf, um die Reisenden zu trennen, welche an verschiedenen Tagen angekommen sind und keine Gemeinschaft miteinander haben dürfen. Noch notwendiger ist diese Trennung zwischen denen, welche mit Warnungspatenten[5] aus der Levante kommen und denen, welche einen gesunden Hafen verlassen haben und nur deswegen der gewöhnlichen Quarantäne unterworfen werden, weil es einmal Gesetz ist, dies in Rücksicht auf alle Schiffe zu beobachten, die aus solchen Häfen kommen, die gemeinhin als verdächtig betrachtet werden.

Das zweite Lazarett (denn diesen Namen führt es) ist in Toulon. Es ist bei weitem nicht so geräumig, wie das in Marseille;

---

[5] Man wird diesen Ausdruck in der Folge erklären.

aber verhältnismäßig groß genug für eine Stadt, in welcher wenig Handel getrieben wird. In beiden war es nicht genug, für Wohnungen zur Aufnahme gesunder und kranker Reisender zu sorgen, die, ermüdet von einer langen Seereise, ausgeschifft zu werden verlangen, um ihre Quarantäne auf dem Lande zu halten; man mußte auch verschiedene Hallen erbauen, um oft kostbare Waren und allerlei Arten von Kleidungsstücken vor dem Wetter in Sicherheit zu bringen, die man nicht eher für vollkommen gereinigt hält, als bis man sie so viele Tage hindurch der Luft ausgesetzt hat, wie es die Gesundheitsverordnungen mit sich bringen.

Die Beschreibung ist mir nötig geschienen, um begreiflich zu machen, daß, wenn Jahrhunderte erforderlich gewesen sind, diese Einrichtungen zur Vollkommenheit zu bringen, es nicht möglich sei, dergleichen binnen 24 Stunden anzufangen und zu vollenden, um, wie ich es erlebt habe, in dieser kurzen Zeit auf einmal mehr Menschen aufzunehmen, wie man zuweilen ein ganzes Jahr hindurch in den beiden Lazaretten findet. Und doch war man im Begriff, dies zu tun, oder vielmehr man tat dies wirklich sehr zur Unzeit, im Jahre 1720, sowohl in Toulon, wie in den meisten Städten der Provence. Es ist wahr, daß man dazu gezwungen wurde. Die Einwohner von Marseille waren auf allen Landstraßen zerstreut, als hätten sie Befehl zur Flucht gehabt, und erreichten so die Tore von Toulon, wo sie sich unter unsere Bürger mischten, die eben vom Lande hereinkamen. Die Untersuchung der Gesundheitsscheine von jedem unter ihnen, die man an den Barrieren vornahm, gereichte eher zum Schaden, wie zum Vorteil. Und doch war diese Untersuchung erforderlich, zu einer Zeit, wo man über diesen ersten Gegenstand wachsam sein mußte. Allein sie setzte darum nicht weniger die Einwohner von Toulon der Notwendigkeit aus, mit denjenigen in Gemeinschaft zu kommen, die sich als Flüchtlinge aus Marseille bekannten. Wie viele Leute aus allen Ständen waren nicht unter diesen! wie viele Elende; wie viele Weiber, mit Kindern, die noch an der Brust sogen, welche, dem Tode nahe, noch inständiger um Brot und Wasser, wie um die Aufnahme baten! Da die, welche noch keinen sicheren Zufluchtsort gefunden hatten, bei der damaligen schönen Witterung auf freiem Felde bleiben konnten; war die ganze Gegend um Toulon her gepreßt voll von Fuhrwerken ohne Zahl, wie sie jeder sich gewählt hatte, um eine Reise von zehn Meilen zu machen. Nie sah man mehr Packerei, mehr Verwirrung – würde man wohl auf den öffentlichen Plätzen in Marseille haben größere Gefahr laufen können? Der Feind war indessen schon auf unserem Glacis[6] gelagert, bevor wir sogar etwas von seinem Marsch erfahren hatten. Man mußte in einiger Entfernung von der Stadt ein Haus erbauen, um eine gewisse Anzahl Quarantänehaltender aufzunehmen, bis man, durch Errichtung einiger hölzerner Hütten, in den Stand gesetzt war, eine größere Menge unterzubringen. Eine solche Niederlassung, wenn man es so nennen darf, gewährt nicht die geringste Beruhigung; allein hätte man sie auch mit mehr Ordnung und Muße einrichten können; so wird man doch nicht glauben, daß dergleichen Wohnung hinreichend sei. Noch weniger darf man sich schmeicheln, daß sie lange ein sicherer Zufluchtsort bleiben könne.

Selbst die Stadt teilt die ganze Gefahr mit ihr, indem alles zusammentrifft, um eine Gemeinschaft zu begünstigen und zu unterhalten, die um so gefährlicher ist, weil die Quarantäne fast von demselben Tage an für den ersten, wie für den letzten Ankömmling gerechnet wird. Und hätte man auch Örter von der Art, deren Lage und Umfang nichts zu wünschen übrig ließen; so würde man doch erwarten müssen, bald die unglücklichen Folgen eines gefährlichen Mitleidens bei sich zu spüren. Mit einem Wort! das heißt: sich Greuel bereiten, deren Andenken allein die Nachwelt unterrichten kann. Ohne dies Andenken werden unsere Nachkommen das Unglück haben, so wie wir, aufs neue die Abgründe eröffnet sehen zu müssen, die mit tausenden von Leichnamen angefüllt waren.

---

[6] Anmerk. d. Hrsg.: Ein Glacis ist eine von der Feldseite her ansteigende Erdaufschüttung vor dem Graben einer Festung.

5. Kapitel.

Von den Mitteln, die Quarantänehaltenden, welche man aufzu-
nehmen nicht imstande ist, von einer Stadt zu entfernen. Wie-
viel die benachbarten Ortschaften, ihres eigenen Vorteils wegen,
dazu mitwirken sollen.

DIE Entfernung eines verpesteten Orts beruhigt ebensosehr, wie seine Nachbarschaft Schrecken erregt. Nach der Lage der Städte und Dörfer, die nicht fern von ihm liegen, muß man den Plan zu seiner eigenen Sicherheit entwerfen. Toulon, zum Beispiel, darf nie daran denken, den Quarantänehaltenden einen Zufluchtsort zu bereiten, weil dies nicht mit Erfolg geschehen kann. Eine Festung hat keine Klostergebäude außer ihrem Bezirk, die, ihres Umfangs wegen, sich leicht zu solchen Zwecken einrichten lassen. Diese Stadt besitzt auf ihrem Glacis das einzige Hospital der Charité, in welches man alle Armen aufnimmt, die sonst nirgends Unterhalt finden können. Es ist unnatürlich, in der Eile 4- bis 500 Arme aus dem Haus zu stoßen, um ebenso viele Fremde darin einzuquartieren. Das hieße, sich gleich anfangs in den Fall setzen, ein weitläufiges Gebäude anzustecken, das die einzige Zuflucht für die Stadt ist und das man wählen müßte, um ein Pesthospital daraus zu machen. Dies Charité-Gebäude ausgenommen, hat Toulon auf seinem Gebiet kein Haus, in welchem mehr wie eine Familie beherbergt werden könnte. Indessen mußte doch eines gewählt werden, um den Flüchtlingen aus Marseille vorerst eine Zuflucht zu verschaffen. Es ward dasselbe dazu genommen, dessen man sich während der vorigen Pest bedient hatte; ein Umstand, wovon man gar nichts würde gewußt haben, wenn nicht die Akten aus den damaligen Zeiten eines Rechtsspruchs Erwähnung getan hätten, durch welchen dem Eigentümer eine Entschädigung war zuerkannt worden. – So sorglos sind die Schriftsteller gewesen, uns von den vormals genommenen Maßregeln zu unterrichten. Es ist also augenscheinlich, daß eine solche Stadt, wie Toulon ist, keine Quarantänehaltenden aufnehmen kann, ohne sich und sie selber der Gefahr auszusetzen. Alles, was man tun kann, ist, zu rechter Zeit, einverstanden mit den Ortschaften, welche auf dem Wege nach dem verpesteten Ort hin liegen, richtige Maßregeln zu nehmen, um auf gemeinschaftliche Kosten alle Zugänge zu bewachen und niemand vorbeizulassen, der nicht dartun kann, daß er dazu berechtigt sei. Dem Kommandanten der Provinz kommt es zu, an den Örtern, die er dazu für schicklich hält, Märkte anzulegen. Anderswo werde ich erklären, welche Art, diese einzurichten, ich für die beste halte; denn in dem Verhältnis, wie wir die Pest ihre Fortschritte von einer Stadt und einem Flecken zu den anderen verbreiten sehen, wenn es uns nicht gelungen ist, sie aufzuhalten; für wie viele Märkte muß man da nicht sorgen?

Ziehen wir aus dem Gesagten den Schluß, daß das einzige wirksame Mittel, sich zu verwahren, darin besehe, daß man jede verdächtige Person nötige, zurückzukehren. Die, dem verpesteten Ort am nächsten gelegene Gemeine muß das Beispiel geben; die zweite folge ihr; der dritten bleibt fast nichts mehr zu tun übrig. Durch diese wohl fortgesetzte Aufmerksamkeit bewahren sich alle Gemeinen, und die Stadt, ihre Ernährerin, deren Erhaltung zu ihrer eigenen Wohlfahrt notwendig ist, bleibt gesund und immer imstande, ihren Bedürfnissen zu Hilfe zu kommen. Die Ausführung dieses Plans ist einfach und das Werk eines Tages. Kaum wird das Gerücht davon sich verbreiten; so werden die ersten zurückkehrenden Fuhrwerke allen denen zum Winke dienen, welche versucht sein könnten, den verpesteten Ort zu verlassen; die Straßen werden sicher bleiben; der Handel wird sich auf eine Strecke von einigen Meilen erhalten. Diese Strenge wird sogar der bekümmerten Stadt nützlich sein, weil man ihr von allen Seiten wird zu Hilfe kommen können; statt daß, wenn die Pest sich unter ihre Nachbarn verbreitete, sie verlassen, und diese Verlassung vielleicht ärger wie die Pest sein würde.

6. Kapitel.

Von der Art, wie man in einem Seehafen sich behütet. Notwendigkeit, die Krankenhäuser in den Städten, wo dergleichen sind, frei zu behalten. Verordnung des Parlaments in Aix, wodurch der Stadt Toulon befohlen wurde, die Flüchtlinge aus Marseille aufzunehmen. Bewaffnete Feluken, zu Bewahrung der Küste.

DIE Einwohner einer verpesteten Stadt treiben nicht lange das Reisen auf den Landstraßen und nach gesunden Gegenden hin; bald nötigt die Krankheit jeden, zu Hause zu bleiben; ungerechnet, daß die Schwierigkeiten, welche täglich unübersteiglicher werden, nicht erlauben, an Flucht oder Rückzug zu denken, wenn einmal die Seuche bis auf einen gewissen Punkt zugenommen hat. Nichts bleibt mehr frei, als die Tränen; aller Handel hört auf; alle Arbeit ist unterbrochen; man findet weder Fuhrwerke, noch Kutscher. Die Menge dieser Schwierigkeiten schlägt nieder, macht mutlos und stimmt endlich zu dem Entschluß, sein Schicksal in einer Stadt abzuwarten, aus welcher es nicht mehr möglich ist, herauszukommen. Allein, da man diese Entschließung erst dann nimmt, wenn man nichts mehr unversucht gelassen hat; so ist der Weg über das Meer, wenn man an einem Seehafen wohnt, die letzte Auskunft, zu welcher man seine Zuflucht nehmen zu wollen nicht verfehlt. In der Tat war nicht so bald durch das Verbot der Fuhrwerke die Landstraße geräumt und es allgemein bekanntgeworden, daß die Dörfer, durch welche man hätte reisen müssen, größtenteils angesteckt wären, als viele Familien den Hafen von Marseille verließen und in verschiedenen kleinen Fahrzeugen nach Toulon kamen, um die Erlaubnis zu erbitten, in dem hiesigen Lazarett Quarantäne zu halten. Man erteilte ihnen dieselbe; da dies Gebäude aber allein für die Quarantäne der Schiffer bestimmt ist; konnte es nur eine gewisse Anzahl Familien fassen. Man mußte die anderen, welche sich meldeten, abweisen und sie an den Küsten herumirren lassen, von woher sie dann, da sie keine Zuflucht fanden, in den Schoß ihrer Vaterstadt, aus welcher der Schrecken sie vertrieben hatte, zurückzukehren gezwungen waren.

Ich muß hier erinnern, daß, wenn es darauf ankommt, sich selber vor der Pest zu verwahren, man sich keinen großen Gewissenspunkt daraus macht, andere in Gefahr zu setzen, insofern man nur in dieser Gefahr Rettung für sich zu finden glaubt. Hier ist ein Beispiel davon:

Einige Personen aus Aix, einer Stadt, die fünf französische Meilen von Marseille entfernt liegt, befanden sich grade in dieser letzten Stadt, als die Pest ausbrach und erwirkten durch ihr Nachsuchen von dem Parlament den Befehl, daß man sie in das Lazarett von Toulon, zu Haltung der Quarantäne, aufnehmen sollte. Einfacher wäre es gewesen, sich der großen Gebäude und Klöster zu bedienen, die außer dem Bezirk dieser Hauptstadt liegen; allein man war sehr besorgt für sich und war es sehr wenig für uns. Diese Befehle, welche zu jeder anderen Zeit sehr ehrwürdig sind, hören während der Pest auf, es zu sein, und nie hatte man deren so viele gegeben, wie damals. Man sah also die Reede von Toulon mit neuen Flüchtlingen bedeckt, welche alle abgewiesen wurden. Dies gab dann Veranlassung zu einer weisen Verfügung, an welche man gleich in dem Augenblick hätte denken sollen, als nicht mehr daran zu zweifeln war, daß die Pest in Marseille wäre.

Die Generale der Marine, welche man bei allen Verhandlungen zuzuziehen für nötig hielt, ließen zwei Feluken ausrüsten, welche unter Anführung von zwei Offizieren die Küsten bewachen und hauptsächlich dafür sorgen mußten, daß kein von Marseille kommendes Fahrzeug auf der Reede von Toulon vor Anker gehen durfte.

Hiermit sollte man in jeder Seestadt den Anfang machen und das müßte Toulon in Rücksicht auf Marseille, und Marseille gegen Toulon beobachten, sobald eine von diesen beiden Städten in den Fall käme, sich gegen die andere verwahren zu müssen. Alsdann bleibt das Lazarett dort, oder hier ein freier Hafen und ein Vorratshaus für die ganze Provinz. Es bleibt frei für das allgemeine Wohl, allein zur Quarantäne für die Seeleute, zur

Aufbewahrung alles Getreides, welches Ausländer herbeiführen, endlich zum Ausbreiten und Reinigen aller Waren, die in den Städten der Levante sind geladen worden.

Nachdem das Lazarett von Toulon sehr zur Unzeit mit den Flüchtlingen aus Marseille war besetzt worden, wurde es bald angesteckt, und da es von dem Augenblick an aufhörte, für den Handel und die Seefahrer von Nutzen zu sein, sahen wir uns genötigt, des Hospitals St. Mandrier uns zu bedienen, welches eigentlich für die Marine bestimmt ist. Dies Hospital war dazumal frei.

Es liegt am Ufer des Meeres, nicht fern vom Lazarett und schien daher ganz gemächlich, unter Umständen, die eben nicht viel Wahl übrigließen. Dergleichen Versuche sind indessen so bedenklich, daß man sie nur im äußersten Notfall wagen soll; denn die Gefahr ist groß, wenn man außer den Lazaretten rohe Waren auslegt, indem ich dann immer die Reinigung derselben von der Ansteckung für sehr zweifelhaft halte, wo es auch sonst sein möchte.

Noch muß ich bemerken, daß es sehr nützlich gewesen sein würde, außer den beiden, zu Bewahrung der Küsten bestimmten Feluken, noch eine dritte zu haben, welche über die Schiffe Aufsicht gehabt hätte, die wir mit Vorräten nach den Inseln bei Marseille schickten. Es war billig, daß wir unsere bekümmerten Nachbarn an einem Überfluß teilnehmen ließen, den wir nur ihrem Unglück zu danken hatten. Allein einige von denen, welchen man diese Transporte auftrug, und denen man für jede Reise 20 Livre[7] vergütete, hatten die Kühnheit, in den Hafen von Marseille einzulaufen und dort ihre Bezahlung zu fordern. Man hat in dergleichen Fällen alles zu fürchten, wenn nicht die genaueste Aufsicht über solche Schiffe gehalten wird. Man braucht weniger aufmerksam auf die Hinschaffung der Lebensmittel zu sein, womit man einer angesteckten Stadt aushilft, als auf die Art, wie sie ausgeschifft und überliefert werden; denn

---

[7] Anmerk. d. Hrsg.: Alte franz. Silbermünze. In der heutigen Zeit wäre 1 Livre mit ca. 10,00 Euro gleichzusetzen.

wenn der Schiffer oder Fuhrmann dort in einige Gemeinschaft kommt, ist es sehr zu fürchten, daß er die Pest gegen die Hilfe eintausche, die er hingebracht hat.

7. Kapitel.

Von Festsetzung der Quarantäne. Wie unterschieden diejenige, welche die Seeleute in den Lazaretten halten, von der ist, welcher man in den meisten Städten der Provence und auf der Grenze sich hat unterwerfen müssen.

DIE Verordnungen der Sanitätskollegien, in und außer Frankreich, bestimmen mehr oder weniger Tage zu der Quarantäne für die Reisenden und für die Waren, womit die Schiffe beladen sind, nach Inhalt der Gesundheits- Verdachts- oder Warnungspatente, welche die französischen Konsuln in den Städten der Levante den Kapitänen ausfertigen. Durch Hilfe dieser Bescheinigungen, die gegen alle Überraschung sichern, weiß man immer gewiß, welche von den Häfen, wo die Reisenden Verkehr gehabt haben, gesund, verdächtig, oder zweifelhaft sind.

Das Gesundheitspatent bezeichnet einen Ort, wo gar kein Verdacht von Pest ist. Die Reisenden aber, welche in diesem Hafen gewesen sind, müssen dennoch bei ihrer Rückkunft nach Frankreich Quarantäne halten, weil die Häfen in der Levante selten ganz frei von der Pest sind, man dort auch nichts reinigen läßt, folglich diese Häfen nie für vollkommen gesund halten kann.

Das Verdachtspatent ist wenig von dem Warnungspatent verschieden, indem es einen Ort bezeichnet, in welchem die Pest seit kurzer Zeit aufgehört hat, ohne daß man gewiß sein kann, daß sie nicht mehr dort sei.

Endlich das Warnungspatent ist dasjenige, welches wirklich bekräftigt, daß die Pest in dem Hafen sei, aus welchem das Schiff herkommt; und wenn (welches ein ungewöhnlicher Fall ist) ein Kapitän ohne Patent ankommt, sei es nun, daß er es untergeschlagen, oder versäumt habe, sich dergleichen ausfertigen zu lassen, wird er behandelt, wie einer, der ein Warnungspatent vorzeigt.

Muß man unendliche Vorsicht gegen die Ankömmlinge beobachten, die ein Warnungspatent überreichen; so sind diese Vorsichtigkeitsregeln noch viel notwendiger bei dem Umstürzen und Reinigen der Kaufmannsgüter, womit das Fahrzeug beladen ist, wie nicht weniger in Ansehung der Überlieferung aller Kleidungsstücke und Pakete, wozu man das Schiffsvolk anhalten muß.

Die Quarantäne eines Schiffes, welches mit einem Warnungspatent ankommt, während der Überfahrt aber weder Tote noch Kranke gehabt hat, ist auf 40 Tage für die Equipage[8] und auf 60 für die Waren festgesetzt. Diese 40 Tage werden erst von dem an gezählt, an welchem alles ausgeschifft und in die Lazarette geschafft worden ist. Finden sich aber auf dem Schiff Tote oder Kranke; so verläßt man sich nicht immer auf das bloße Zeugnis des Wundarztes, oder des Kapitäns, welche oft zu zweideutig sind. Man setzt voraus, daß diese Toten oder Kranken Merkzeichen der Pest an sich gehabt haben und die Equipage fängt nicht eher an, die Tage der Quarantäne zu zählen, bis man, nach einer gewissen Zeit, sie nur für verdächtig halten darf. Während dieser Frist aber, die oft durch unangenehme Umstände verlängert wird, vergißt man nichts, um diese Equipage zu hindern, mit anderen Verkehr zu haben, welches man indessen nicht mit Erfolg würde tun können, wenn nicht abgesonderte Wohnungen und Todesstrafen gegen die Gefahren sicherten.

Man kann die Quarantänen von dieser Art nicht mit denen vergleichen, die man in den Jahren 1720 und 1721 in den meisten Städten der Provence und auf der Grenze hat halten lassen. Ich habe geglaubt, diese Umstände genau auseinandersetzen zu müssen, um zu beweisen, daß, wenn die durch Gesundheitsverordnungen vorgeschriebenen Quarantänen, um uns gegen

---

[8] Anmerk. d. Hrsg.: *Equipage* bezeichnet die gesamte Ausstattung und Aufmachung eines Pferdegespanns.

eine Plage zu verwahren, die 1.000 Meilen von uns herrscht, oft mit den unglücklichsten Zufällen vergesellschaftet sein können, man noch viel mehr Ursache gefunden haben müßte, diejenige zu fürchten, der man die Flüchtlinge aus Marseille unterwarf, die, wenn sie des Morgens abfuhren, des Abends sich in welcher Stadt sie immer wollten, zeigen konnten.

Was durfte man sich in Toulon, oder sonst irgendwo, von den Folgen einer eingebildeten Quarantäne versprechen, die in der Tat nie einen rechten Anfang nahm, und von deren Erfolg man nie sicher sein konnte? Und wieviel wagte man nicht, bis man die Leute an den Zufluchtsort hingeschafft hatte! Die, welche das Glück gehabt haben, ihre Flucht zu überleben, wissen es, daß der Anblick der Landstraßen, die mit Toten und Sterbenden bedeckt waren, ihnen noch weniger Schrecken einflößte, wie die Annäherung einer Menge von Elenden und Landläufern, welche sich stellten, als stürben sie vor Hunger und Durst und als wären sie von der Pest angesteckt, aber nur so lange sich entfernt hielten, als man sich bereit zeigte, ihnen Almosen zu geben. Erst nachdem sie alle diese Greuel wahrgenommen hatten, kamen viele rechtschaffene Menschen endlich bei dem unglücklichen Ruheplatz an, welcher der letzte sein sollte, den sie in ihrem Leben erreichten.

Ich weiß nicht, ob diese Schilderung, die ich keineswegs übertreibe, nicht die Gefahr der Quarantänen anschaulich machen wird. Nicht nur ermahne ich, niemand die Erlaubnis dazu zu geben, sondern ich möchte auch, daß man sich wohl überzeugte, daß eine Quarantäne, welche von zu viel Personen zu gleicher Zeit und an demselben Ort gehalten wird, ebenso gefährlich sei, wie es diejenige nicht ist, welcher man einzelne Leute an besonderen Örtern unterwirft. Nun ist es aber unmöglich, Wohnungen und Wachen genug für alle die zu haben, welche aus einem verpesteten Ort herbeikommen; folglich verliert man nur Zeit und Mühe, wenn man darauf sinnen will, dergleichen Einrichtungen zu machen.

8. Kapitel.

Die Pest offenbart sich am 18. Tage unter denen von Marseille kommenden Quarantänehaltenden. Einrichtungen, welche desfalls getroffen wurden. Notwendigkeit, beizeiten zur Zählung der Einwohner zu schreiten.

MAN schritt in Toulon beizeiten zur Zählung der Einwohner. Man zählte daselbst, im September 1720, 26.276 Personen, ohne die Seesoldaten und die Garnison zu rechnen. Jede Familie wurde genau durch Vor- und Zunamen, Alter und Geschlecht unterschieden. Die Stadt wurde in acht Quartiere geteilt, in deren jedem man einen Kommissar und unter diesen Syndici[9] anstellte.

Der Kommissar, welchem die Zählung in seinem Quartier Insel für Insel[10] aufgetragen war, merkte auf seinem Etat an, wer abwesend, krank oder gestorben war. Es ist wichtig, in der Pestzeit Abschriften von diesen Etats auf dem Rathaus zu haben, aus Furcht, daß der Tod des Kommissars die Frucht seiner Arbeit vereiteln möchte. Diese gute Ordnung hat uns in Toulon genau davon unterrichtet, wie viele Einwohner wir daselbst verloren haben; wird aber die Zählung verschoben; so ist es zu spät, dazu zu schreiten, sobald sich die Pest offenbart hat. Man ist dann mit ganz anderen Sorgen beschäftigt. Es ist auch gut, den Bürgern anzuzeigen, daß es nach einer gewissen Zeit nicht mehr erlaubt sein werde, die Wohnung zu wechseln. Durch dies Mittel wird jede Unrichtigkeit in den Tagebüchern verhindert und man hat den Etat einer Stadt immer vor Augen.

Es ist ratsam, außer der Stadt, wo es keine so weitläufigen Gebäude gibt, ein Haus in Bereitschaft zu halten, das bequem genug sei, sogleich die erste Familie aufzunehmen und darin bewachen zu lassen, welche im Verdacht ist von der Pest

---

[9] Anmerk. d. Hrsg.: Rechtsgelehrte.

[10] *Insel* nennt man in der Provence ein abgesondert liegendes Haus, oder mehrere zusammenstoßende Gebäude, deren Vorderseiten nach vier Straßen hinsehen.

befallen zu sein. Wir hatten das Unglück und die Gefälligkeit, ein solches Gebäude zu einem ganz anderen Gebrauch einzuräumen, und machten dadurch nur desto mehr Menschen unglücklich.

Fängt die Pest an, sich im Frühling und Sommer zu offenbaren; so vervielfältigt man nach Gefallen die Anzahl solcher Aufbewahrungsörter, indem man Hütten auf freiem Felde erbaut; allein auf dies Hilfsmittel kann man in späterer Jahreszeit nicht rechnen. Daher kam es dann, daß bei uns die zerstreuten Schlachtopfer sich, gleichsam wie zu einem gemeinschaftlichen Feuer, einander näherten und bald einerlei Schicksal hatten.

Die Pest, welche wir noch neun Meilen weit von uns entfernt glaubten, offenbarte sich unter den Quarantänehaltenden am 18. Tage derselben. Nun sahen wir es ein, wie gefährlich uns unser Mitleid wurde. Jeder Tag vermehrte die Fortschritte der Krankheit; und da die Pest nun vor unseren Toren war, wie hätten wir ihr da nicht unterliegen sollen? Wir hätten länger dagegen kämpfen können, wenn wir außerhalb solche abgelegene Wohnungen eingerichtet gehabt hätten, die man mit den Außenwerken einer Festung vergleichen kann, welche oft den Feind abschrecken und ermüden; aber eine Stadt, wie Toulon, der es an aller Verteidigung dieser Art fehlte, vermochte nicht, der Annäherung einer Pest zu widerstehen, welche man hätte voraussehen und ihr zuvorkommen sollen.

Bei diesen traurigen Umständen war für Toulon, welches weder für fremde noch einheimische Quarantänehaltende einen Zufluchtsort hatte, das Arsenal eine unversiegbare Hilfsquelle. Man nahm aus diesem Arsenal alles Holz und die übrigen nötigen Gerätschaften, um ein erstes Hospital zu errichten, welches mit der größten Schnelligkeit bewirkt wurde. Es fehlte nicht an Arbeitsleuten, um eine große Anzahl abgesonderter Kämmerchen anzulegen, in welchen der Aufenthalt um so weniger gefährlich wurde, je mehr der Tod oder die Krankheit einiger, diejenigen, welche dem Ende ihrer Quarantäne nahe waren, bewog, sich eingezogen zu halten.

Durch dies Hilfsmittel geschah es, daß eine so kleine Stadt, welche kaum ein Hospital für die Kranken unterhalten konnte, imstande war, deren mehrere anzulegen und sie reichlich mit allem zu versehen.

Der König, so jung er auch damals war, als die Pest die ganze Provence durchwütete, verdiente schon von der Zeit an, durch sein Mitgefühl bei unseren Leiden, durch die Aufmerksamkeit, mit welcher er uns Hilfe zukommen ließ, durch die Größe und Menge seiner Wohltaten, *der Vielgeliebte* dieser unglücklichen Provinz zu heißen, wie er nachher der Vielgeliebte des ganzen Königreichs wurde. Seine Majestät schenkte der Stadt Toulon, ohne Einschränkung, alles, was man aus dem Arsenal genommen hatte. Dies Geschenk wahr unschätzbar und des Edelmuts eines so großen Königs würdig; allein diese Handlung des Mitleids, welche ich nicht verschweigen darf und welche zu erzählen, gerechte Dankbarkeit mich aufruft, müsse nicht unsere Nachfolger so weit verleiten, daß sie jeden schädlichen Entschluß fassen, fremde Quarantänehaltende aufzunehmen.

9. Kapitel.

Von den Scheinen oder Gesundheitspässen. Welchen gefährlichen und schädlichen Gebrauch man davon machen könne und gemacht habe. Schwierigkeit, etwas an die Stelle derselben zu setzen. Wie und an welche Personen sie ausgeteilt werden sollen.

ES ist gebräuchlich, zur Pestzeit zu den Gesundheitsscheinen seine Zuflucht zu nehmen. Wie sollte man diese Vorkehrung unterlassen können, die man wie die einzig mögliche ansieht und durch deren Hilfe Handel und Verkehr unter allen gesunden Ländern frei und gefahrlos bleiben? Der Reisende geht und kommt aus einer Stadt in die andere, indem er aller Orten Brief und Siegel bei sich führt, welche den Zustand seiner Gesundheit, seinen Wohnort und den Weg, welchen er genommen hat, dartun.

Da es indessen nur zu wahr ist, daß man unter Begünstigung eines Gesundheitsscheins ungestraft von einer Straße ablenken und bis zu einem verpesteten Ort hinkommen kann; so begreife ich noch nicht, wie man auf einen so gefährlichen Gebrauch hat sein Vertrauen setzen können. Möchte es nur möglich sein, ein anderes und sichereres Mittel zu erfinden, durch welches man sich in Zukunft gegen alle Überraschung sichern könnte!

Ich habe schon gesagt, daß es kein besseres Mittel gäbe, zu verhindern, daß die Pest aus einer Provinz in die andere komme, als alle Gemeinschaft mit der angesteckten Provinz abzubrechen, welches auf keine andere Weise geschehen kann, als indem man Linien zieht, deren Übertretung durch die Strenge der Gesetze verhindert wird. Allein wodurch sollen gesunde Städte, welche in einer solchen angesteckten Provinz gelegen sind, dahin gelangen, daß sie nicht das Elend mittragen müssen, wenn sie diejenigen aufnehmen, welche mit einem so zweideutigen Beweise von Gesundheit, wie ein Paß ist, erscheinen?

Es wäre sehr zu wünschen, daß jede Gemeine ihre Nachbarn als verdächtig betrachtete und Grenzlinien bestimmte, über welche zu treten keinem Einwohner erlaubt würde. Wie kann man sich aber den gegenseitigen und täglichen Hilfsleistungen entziehen? Wie soll eine Stadt es anfangen, die Lebensmittel zu entbehren, welche die umherliegenden Dörfer ihr zuführen? Und wie sollen sich diese Dörfer erhalten, wenn ihre in dem Bezirk eingeschlossenen Einwohner weder in der Stadt ihre Lebensmittel verkaufen, noch von daher dasjenige mit zurückbringen dürfen, was ihnen notwendig ist? Alle diese Schwierigkeiten, zu welchen man noch viele andere hinzufügen könnte, machen es unvermeidlich, daß man einen gegenseitigen Verkehr fortdauern lasse, dessen Gefahren man nur, so viel möglich, zuvorkommen muß.

Die Tore einer eingeschlossenen Stadt bleiben jedem geöffnet, allein niemand erscheint vor denselben, oder wenn jemand diesen schädlichen Entschluß faßt, so geschieht es, um aus dem allgemeinen Elend Nutzen zu ziehen und um geringen Preis Waren einzukaufen, die er anderer Orten teuer wieder zu verkaufen denkt. Alsdann macht die Pest dieselbe Reise mit diesem Unglücklichen, und wehe der Stadt, für welche sein Ankauf bestimmt ist! Wenn er ohne Schwierigkeit einen Gesundheitsschein bekommen kann; so erhält er dadurch ein sicheres Mittel, sein Verbrechen zu vollenden, wie Toulon dies leider! erfahren hat. Den Beweis davon werde ich an einem anderen Ort geben.

Kann man Kaufmannsgüter aus einer angesteckten Stadt in das gesunde Land führen; so ist dies besonders der Fall in Bauernhütten und Dörfern, wo die weniger bekannten Verwahrungsmittel nicht so genau wie in den großen Städten angewendet werden. Nun aber werden diese Waren anfangs in Bauernhäusern abgesetzt, kommen dann nur stückweise in die Städte, als wären es Güter, die lange Zeit vorher in dem gesunden Lande gekauft worden, und bringen auf diese Weise ebensoleicht die Pest dahin, wie ein einzelner Mensch ohne Schwierigkeit nach einem verpesteten Ort gehen, daselbst einen Handel oder ein anderes Geschäft in Richtigkeit bringen und dann zurückkommen kann, ohne daß man gegen ihn den geringsten Verdacht fasse.

Die Gesundheitsscheine sind die Quelle aller dieser Übel. Die Untersuchung derselben, welche man an den Stadttoren anstellt, ist immer um so gefährlicher, weil dabei die Einwohner mit den verdächtigen Personen vermengt werden. Je ordentlicher diese Untersuchung angestellt wird, desto mehr Gefahr zieht sie nach sich, weil sie, wenn sie lange dauert, einen immer größeren Zusammenfluß von Menschen veranlaßt. Diejenigen, welche sich vor dieser Genauigkeit scheuen, wählen, um sich zu melden, die Zeit der Nacht, oder wenn sie sehen, daß das Gedränge die Aufseher verlegen und müde macht. Dazu kommt noch, daß, man möge nun die, welche sich also darstellen, aufnehmen oder zurückweisen, die Ansteckung geschehen ist, wenn die Menschen sich einander genähert haben.

Ich meine also, und die Erfahrung hat mich davon überzeugt, daß die Untersuchung der Gesundheitsscheine an den Eingängen in große Städte immer Verwirrung verursache und nicht selten zum Verderben gereiche. Man müßte also dergleichen nicht eher anstellen, als bis eine andere Untersuchung an der Grenze des Gebiets vorhergegangen wäre, woselbst man eine Wache halten lassen sollte, um die Vorübergehenden auszukundschaften, so wie es von den Brigaden der Generalpächter auf den Landstraßen geschieht. Auch müßte man jeden Unbekannten durch Soldaten, welche auf diesen Posten angestellt wären, bis zu dem nächsten Dorf, durch welches er gekommen, geleiten und ihn so von Dorf zu Dorf führen lassen, bis an das verpestete Gebiet. Man würde sehr viel Sorgen und Gefahr sparen, wenn die Todesstrafe, wie es sein sollte, auf die Verwegenheit eines Menschen gesetzt wäre, der ohne Paß oder mit einem falschen Gesundheitsschein herankäme.

Ich füge noch hinzu, daß ein Gesundheitsschein, selbst wenn er auf gehörige Art verfaßt ist, dennoch nicht vor der Gefahr sichert, weil der Inhaber desselben einen schädlichen Gebrauch davon machen kann. Um dies begreiflicher zu machen, nehmen wir an, die Pest sei in Marseille und, wenn man will, auch in den umliegenden Dörfern. Nun fordert ein Mensch einen Gesundheitszettel zu Toulon, um nach Aix zu gehen. Man gibt ihm denselben ohne Schwierigkeit, weil man weiß, daß die Straße gesund ist. Hierauf läßt dieser Mensch, der Verordnung gemäß, um beweisen zu können, daß er den Weg genommen hat, seinen Gesundheitspaß in allen den gesunden Gemeinen, durch welche er bis Roquevaire kommt, untersuchen. Da von Roquevaire bis Aix kein Dorf mehr zu durchreisen ist, verläßt er den Weg nach Aix und schlägt den nach Marseille ein, wo nichts ihn aufhält; denn wenn die Dörfer Aubagne, St. Marcell und St. Loup noch gesund sind, wird er durch Hilfe seines Scheins aufgenommen; sind sie aber angesteckt; so verbindet ihn nichts, denselben vorzuzeigen. Dieser Mensch kommt nach Marseille, verläßt die Stadt wieder, nimmt seinen ersten Weg, zeigt sich in Aix mit seinem Zettel, welcher in Toulon ausgefertigt und bis Roquevaire mit Bescheinigung versehen ist, und gibt vor, in diesem Ort verweilt zu haben. Man erteilt ihm in dieser Hauptstadt aufs neue eine Bescheinigung. Er geht über Marseille zurück, wenn es ihm beliebt, stellt sich in Roquevaire, als käme er von Aix und kehrt nach Toulon heim, wo man desto weniger seinen frevelhaften Betrug argwöhnt, da man seine Abwesenheit nicht einmal bemerkt hat. Ist die Pest in einem Seehafen; so laufen alle benachbarte Häfen um so mehr Gefahr, dergleichen Täuschungen ausgesetzt zu sein, dabei der Schiffahrt solche falsche Wege noch leichter verdeckt bleiben können.

Verwechseln wir aber nicht einen Gesundheitsschein mit einem Ein- und Auslaßzettel, welcher dazu dient, die Einwohner daran zu erkennen! Diesen kann man nicht versagen, ohne der ganzen Stadt eine Gefangenschaft aufzulegen, ohne den Arbeiter und dessen Familie ihres Tagelohns zu berauben, endlich ohne zu bewirken, daß das Feld unbestellt und brach liegen bleibe. Dennoch sind auch diese Zettel Ungemächlichkeiten unterworfen. Man kann sie verlieren, oder umtauschen. Wie darf man übrigens auch sich schmeicheln, daß in einer volkreichen Stadt, in welche täglich so viele Leute eingehen, diejenigen, welchen die Untersuchung solcher Zettel aufgetragen ist, immer eine gleiche Aufmerksamkeit anwenden werden?

Welchen Weg man auch einst einschlagen möchte; so erinnere man sich, daß, wenn man keine sichereren Mittel, wie Gesundheitsscheine, ausfindig macht, es nötig sei, sie nur wenigen Personen zu erteilen; daß es der Klugheit nicht gemäß sei, die Austeilung derselben bloß den Unterbedienten anzuvertrauen, sondern, daß dies Geschäft vielmehr einem angesehenen Bürger anvertraut werden müsse; daß es ratsam sei, bei solchen Umständen auf eine Zeitlang alle Waren, die von außen herkommen, zu entbehren und den Handel gewisser Leute zu sperren; zum Beispiel der Trödler, die allerlei Arten von Kleidungsstücken kaufen und verkaufen; derer, von denen man weiß oder argwöhnt, daß sie Contrebandiere sind und deren Ausgang und Abwesenheiten heimlich und verstohlen vorgehen, folglich oft unbekannt bleiben; endlich derer, die um Erlaubnis, sich zu entfernen, bitten, ohne daß man einen Vorwand dazu wisse. Es würde ratsam sein, solche Leute zu verpflichten, sich täglich zu melden, und ihnen zu untersagen, außer Haus zu schlafen. Allein da die menschliche Klugheit sich nicht gegen die Kunstgriffe bösgesinnter Leute verwahren kann; wäre es zu wünschen, daß der König geruhen möchte, bei Lebensstrafe jedem Einwohner, der in einem verpesteten Ort ansässig ist, zu verbieten, daselbst Waren, Kleider, oder Hausrat zu verkaufen und allen, sowohl Fremden als Einheimischen, dergleichen zu kaufen. Man würde keine Waren mehr von einem Ort zum anderen bringen, wenn der Kauf und Verkauf derselben mit dem Tode bestraft würde. Die Munizipalbeamten würden dann auch nicht mehr nötig haben, über diesen wichtigen Gegenstand zu wachen, welcher die unselige Ursache alles Elendes war, das die Stadt Toulon betraf.

10. Kapitel.

Erster Zeitpunkt der Pest, welche aus einer der Inseln bei Marseille nach Bandol und von da, unter dem Schutz eines Gesundheitsscheins, nach Toulon gebracht wurde. Nützliche Vorkehrungen in Rücksicht auf die Einwohner von Bandol und auf ein verdächtiges Haus in Toulon.

NACHDEM das Lazarett und das Hospital St. Roch leer geworden, teils durch den Tod derer, welche dahin geflüchtet waren, teils durch Endigung der strengen Quarantäne, welche unverdächtige Personen gehalten hatten, teils endlich weil sich kein aus Marseille kommender meldete, wo die Pest unerhört um sich griff; war man nun imstande, diese beiden Zufluchtsörter von der Ansteckung zu reinigen, um sie auf jeden Fall in Bereitschaft zu haben. Da wir uns immer mehr über die Gefahren beruhigten, die so glücklich vorübergingen; wiegten wir uns durch den tröstenden Gedanken ein, daß wir unseren bedrängten Nachbarn lange Zeit würden nützlich sein können. Diese Hoffnung würde viel mehr Grund gehabt haben, wenn man früher die Vorsicht gebraucht hätte, bewaffnete Feluken zu Bewahrung der Küste zwischen Marseille und Toulon zu halten.

Die Pest hatte sich zu Marseille im Lazarett offenbart, als die ersten Ballen Kaufmannsgüter eröffnet wurden, welche der Kapitän Chateau in Syrien geladen hatte. Sie waren so sehr vergiftet, daß man, um die Lastträger nicht ferner der Gefahr bei dem Auspacken derselben bloßzustellen, es für ratsam hielt, einen Teil dieser Ladung auf einer der Inseln bei Marseille, die unter dem Namen der Insel Jarre bekannt ist, abzusetzen, woselbst sie nachher auf Befehl des Hofs verbrannt wurden. Dieser unglücklichen Ladung hat Marseille sein Elend zuzuschreiben, ohne daß man je hat erfahren können, auf welche Weise die Pest aus dem Lazarett sich in die Stadt verbreitet hatte.

Da diejenigen, welchen diese Kaufmannsgüter anvertraut worden, entweder gestorben waren, oder versäumt hatten, über die Sicherheit dieser Niederlage zu wachen; wagten es Seeleute, einen Teil davon zu rauben.

Einige Einwohner von Bandol, einem kleinen Seehafen, drei Meilen von Toulon, wo einige Familien nebeneinander wohnten, landeten in der Nacht auf jener Insel und nahmen einen Ballen Seide mit sich, der uneröffnet und nicht ausgebreitet, noch alles Gift in sich hielt. Bei ihrer Rückkunft nach Bandol teilten sie die Beute unter sich. Hatten sie das Verbrechen gemeinschaftlich begangen; so mußte nun jeder von ihnen auch die Strafe tragen, und diese Elenden, die ein zu schneller Tod immer zu früh der gesetzlichen Ahndung entzieht, steckten so plötzlich ihre Familien und das ganze Dörfchen an, daß es keinem von ihnen möglich gewesen sein würde, die Pest weiter zu verbreiten, indem alle fast zu gleicher Zeit davon befallen wurden, wenn nicht ein gewisser Barkenführer, Cancelin mit Namen, aus Toulon, welcher gerade an dem Tage in Bandol war, den unglücklichen Einfall gehabt hätte, seine Barke dort zu lassen und zu Lande nach Toulon zurückzukehren. Er war mit einem Gesundheitsschein versehen, der ihm die Freiheit gab, zuweilen zu Lande, zuweilen zu Wasser, hin- und herzureisen. Er brauchte die Vorsicht, denselben unterwegs durch die Bürgermeister von St. Nazar, einem anderen kleinen Hafen, eine Meile von Bandol gelegen, bestätigen zu lassen. Man argwöhnte nicht, wo er gewesen war, wußte auch vielleicht noch nichts von dem dortigen Elend. Auf diese Weise, und indem er seine Abwesenheit und welchen Weg er genommen hatte, verhehlte, erschien er spät des Abends, am 5. Oktober 1720, vor dem Tor von Toulon, wo er, unter dem Schutz seines ordnungsmäßigen Passes, ohne Schwierigkeit eingelassen wurde.

Unsere Unglücksstunde war gekommen, ohne daß man in Toulon die geringste Ahnung davon hatte. Man erfuhr schon am 6. Oktober, daß die Pest in Bandol wäre. Man traf noch an demselben Tage Vorkehrungen und tat in Rücksicht auf dies Dörfchen, was man, wie ich gesagt habe, aller Orten, wo die Pest sich zeigt, tun sollte. Monsieur Dupont, Kommandant in Toulon, ließ dort alle Zugänge sperren, so daß die unglücklichen Einwohner so eng in ihrem Bezirk eingeschlossen waren, daß sie nicht mehr über ihre Grenze treten durften. Die Gemeine von Toulon sorgte indessen augenblicklich so vollkommen für alle ihre Bedürfnisse, daß sie Beistand und Hilfe jeder Art fanden; und die Pest dehnte sich in dortiger Gegend nicht weiter aus.

Erst am zweiten Tage nach Cancelins Rückkunft erfuhr man, daß er krank wäre. Er starb am 11. Oktober und wurde auf die gewöhnliche Weise begraben, wie einer, dessen Tod niemand befremdet. Man hegte nicht den geringsten Verdacht über die Art seiner Krankheit und über seinen Tod, bis zum 17., an welchem Tage seine Tochter starb. Einer seiner Nachbarn, dem dieser zweite Sterbefall, in derselben Familie und in demselben Haus, auffiel; stellte uns auf dem Rathaus vor, es sei wichtig, die Ursache dieser beiden Sterbefälle zu untersuchen. Er fügte hinzu, es sei möglich, daß Cancelin, welcher am 5. des Monats von St. Nazar gekommen, durch Bandol gereist sei, woselbst er seine Barke hätte stehen lassen.

Auf diese Anzeige ließ man den Arzt, den Wundarzt und den Apotheker, welche den Vater und die Tochter besorgt hatten, kommen. Sie stimmten, da sie einzeln befragt wurden, darin überein, daß die Krankheiten nichts Verdächtiges, nichts Zweideutiges gezeigt haben. Da es wesentlich nötig war, alle Zweifel, die aus des Angebers Aussage folgten, aus dem Wege zu räumen; trugen wir zwei anderen Ärzten und zwei Wundärzten die Untersuchung des Leichnams der Tochter auf, mit dem Befehl, einen schriftlichen Bericht darüber aufzusetzen, nach welchem man einen passenden Entschluß nehmen könnte. Die Ärzte und Wundärzte fanden das Mädchen im Sarg, mit unbedecktem Gesicht. In diesem Zustand untersuchten sie dasselbe, befragten die Mutter und die nahen Verwandten über die Art und Merkzeichen der Krankheit, und verfaßten einen Bericht, der noch vorteilhafter als der des ersten Arztes war.

Da ein solches Zeugnis, das sich bloß auf die Besichtigung des Gesichts und der Hände des Mädchens gründete, uns wenig befriedigte; drangen wir bei denselben Ärzten darauf, daß sie den Körper in ihrer Gegenwart sollten entkleiden lassen, um mit mehr Kenntnis der Sache den Ausspruch tun zu können. Die Entdeckungen, welche diese neue Untersuchung veranlaßte, die weniger als die erste trügen konnte, erweckten Verdacht; doch schien die Gefahr noch nicht gewiß. Weil indessen zur Zeit der Pest auch die geringsten Anzeigen nicht vernachlässigt werden dürften, stellte man sogleich um 7 Uhr des Abends eine Schildwache vor Cancelins Haus, mit dem Befehl, niemand herauszulassen. Diese Sorgfalt sicherte uns gegen 35 Personen, an Verwandten, Nachbarn und Bekannten, welche der Tod dieses Mädchens versammelt hatte und die sich in der Stadt würden zerstreut haben, wenn diese Maßregel eine Stunde später wäre genommen worden.

Wir besorgten noch in der Nacht und ohne Geräusch das Dringendste und Beste, was sich tun ließ. Der Kommandant, als er erfuhr, welche Befehle wir schon gegeben hatten, gab die seinigen dahin, daß eines der Tore um Mitternacht geöffnet werden sollte. Wir begaben uns in Cancelins Haus und ließen die Witwe und diejenigen, welche sich im Haus befanden, rufen. Wir wendeten gelinde und Überredungsmittel an, um diese betrübte Familie über die Vorkehrungen zu beruhigen, welche sie uns nehmen sah. Wir gaben ihr zu verstehen, daß, um den Schrecken nicht zu vermehren, und niemand in Gefahr zu setzen, man sich der so genannten Raben[11] nicht bedienen würde; kurz, alles wurde so gut eingeleitet, daß jene 35 Personen die Stadt verließen, den Leichnam selbst begruben und in das Hospital St. Roch geführt wurden, wo man schon am folgenden Tage anfing, sie mit allem zu versehen, dessen sie bedürfen konnten.

11. Kapitel.

Bemerkungen über einen ersten Zeitpunkt der Pest. Notwendigkeit, den Einbruch der Seuche bekanntzumachen. Nachteil, welcher aus der Verheimlichung entsteht.

WIR betrachteten noch immer Cancelins Todesart zweifelhaft und ohne jedoch aufzuhören, über die Folgen, welche eintreten konnten, wachsam zu sein, zwangen wir uns, unsere Sicherheit auf die Ungewißheit der Berichte der Ärzte zu gründen, die nun fürchteten, zu viel gesagt zu haben und daher aller Orten ausbreiteten: ihr Argwohn sei nur sehr schwach gewesen. Die Bürgermeister glaubten, es sei noch nicht Zeit, die Stadt für angesteckt zu erklären; allein ich meine, sie hätten dies tun sollen. Ihr Stillschweigen aber, verbunden mit dem Aufsehen, das die Entfernung von 35 Personen aus einem Haus und der ziemlich schleunige doppelte Todesfall machte, wirkten ebensoviel, wie eine erste Erklärung. Unsere Nachbarn beobachteten uns. Weil wir es uns indessen angelegen sein ließen, Nachrichten von jedem Umstand zu sammeln, der Licht über unseren Zustand verbreiten konnte, erfuhren wir von dem Almosenier[12], welcher sich dem Dienst der Verpesteten in Bandol gewidmet hatte, daß Cancelin an demselben Tage dort gewesen wäre, an welchem sich die Pest daselbst offenbart hatte.

---

[11] So nannte man diejenigen, welche die an der Pest Gestorbenen beerdigten.

[12] Anmerk. d. Hrsg.: Der Almosenier war mit der Austeilung und Verwaltung von Hilfsgütern an Bedürftige betraut.

Diese Erläuterung war hinreichend, die Stadt verdächtig zu machen; da aber kein Befehl uns verband, dies zu erklären und keine Strafe auf die Unterlassung gesetzt war, man auch kein Beispiel wußte, daß andere Städte in der Provinz dies Bekenntnis so früh abgelegt hatten; ließen wir uns durch die Betrachtung, daß, von jedermann verlassen zu werden, die einzige Frucht sein würde, die wir von unserer Offenherzigkeit erwarten könnten, und durch tausend andere, sehr niederschlagende Überlegungen, bewegen, zu erwarten, welche Folgen der erste Zeitpunkt der Pest mit sich führen würde und hofften noch immer, den Lauf derselben gehemmt zu haben. Doch welch ein Wahn und wen hat er nicht irregeführt! Er wäre verzeihlich gewesen, wenn er sich bloß auf die Ungewißheit eines Berichts gegründet hätte, den die Ärzte selbst als unsicher angaben; allein nach dem Zeugnis des Almoseniers in Bandol, durfte man sich nicht mehr über Cancelins und seiner Tochter Todesart täuschen.

In solchen Umständen soll eine Stadt, ohne Befehle zu erwarten, sich Grenzen und Schlagbäume da, wo ihr Gebiet anfängt, errichten, wie man dies, obgleich sehr spät, im Jahre 1720 tat. Diese Schlagbäume hindern nicht, daß der Markt gehalten werde; die Tätigkeit dauert zu seinem Vorteil fort und nimmt noch zu. Ganze Gemeinen von unschätzbarem Wert, werden gesunderhalten, statt daß wir unser eigenes Unglück erschweren, indem wir unsere Leiden mitteilen. Wir haben gesehen, daß alle Städte in der Provence es auf das Äußerste kommen ließen, bevor sie sich für angesteckt erklärten oder vielmehr entrissen ihnen die gesunden Städte dies Geständnis nur, wenn sie bemerkten, daß man vor der Öffentlichkeit die Krankheiten und Todesfälle zu verhehlen und die Körper heimlich fortzuschaffen suchte.

12. Kapitel.

Welche Folgen dieser erste Zeitpunkt hatte. Fruchtlose Versammlung des Rats. Unentschlossenheit über die Wahl eines Hospitals. Ohnmacht einer Stadt, in welcher die Pest alle Hilfsquellen hemmt.

WIR haben gehört, daß die Kennzeichen der Pest erst nach 18 Tagen an denen von Marseille gekommenen Quarantänehaltenden sichtbar wurden. Diese Erfahrung bewog zu dem Entschluß, Cancelins Familie und seinen Mietsleuten eine vollständige Quarantäne aufzulegen. 20 Tage verflossen, ohne daß unter den 35, im Hospital St. Roch eingeschlossenen Personen einer krankgeworden oder gestorben wäre. Schon beschuldigte man die Obrigkeit, welche immer dem öffentlichen Tadel ausgesetzt ist, kostbare und unnütze Vorkehrungen getroffen zu haben; allein der 25. Tag legte allen Schwätzern Stillschweigen auf. Der Tod zweier kleiner Kinder hatte allein in Cancelins Familie sonderbare Folgen. Es bestand dieselbe aus neun Personen, von denen sieben in weniger wie 14 Tagen mit den aller unterscheidendsten Kennzeichen der Pest starben. Die anderen Quarantänehaltenden, welche sich beizeiten von dieser Familie getrennt und abgesondert gehalten hatten, genossen, obgleich sie in demselben Haus waren, das Glück, bewahrt zu bleiben. Dieser Umstand verlängerte ihre Quarantäne und am Ende derselben wies man ihnen das Lazarett an, um eine neue zu beginnen.

Das Hospital St. Roch, welches uns zu keiner Zeit so nützlich wie damals gewesen ist, war nun aufs neue frei. Man schritt ohne Anstand zu der Reinigung der cancelinschen Wohnung, in welcher man beinahe allen Hausrat verbrannte. Diese Art zu verfahren hat in der Tat niemals unangenehme Folgen, allein da man Mittel wählen kann, wobei weniger Verlust ist; werde ich diese anzeigen, wenn wir von der Reinigung der Stadt reden, in welcher die Pest nur wenige Häuser verschont hatte.

Dieser erste Zeitpunkt schien keine Spuren in der Stadt zurückgelassen zu haben. Es folgte nun auf den lebhaftesten Schrecken die sichtbarste Ruhe und lauter Beifall auf das vorige Murren. Man war darauf bedacht, außer St. Roch noch andere Zufluchtsörter zu bereiten. Hier konnte man nur Hütten auf freiem Felde aufschlagen, welches die Jahreszeit noch gestattete; allein wie war das anzugreifen und wobei sollte man anfangen? Der Kommandant der Provinz gab den Befehl dazu; der Stadtkommandant drang auf die Ausführung; die Befehle wurden aber vergebens erteilt, weil wir die Unmöglichkeit vor uns sahen, etwas auszurichten. Wir verloren also die kostbare Zeit mit Entwürfen. Was war auch wirklich von einer Gemeine zu erwarten, der es an allen Hilfsquellen fehlte und die keine anderen Einkünfte hatte, als die, welche sie aus den Auflagen auf die täglichen Bedürfnisse der Einwohner zog? Die Reichen dachten, nur daran, sich durch die Flucht in Sicherheit zu setzen, und die Armen hatten nur Tränen und ohnmächtige Wünsche zu unseren Diensten.

So war der Zustand der Stadt Toulon am Ende des Novembers beschaffen. Weil alle Pachtungen verlassen waren, mußte man dieselben verwalten lassen. Die Fleischlieferungspacht, welche einen beträchtlichen Vorschuß erforderte, setzte uns am meisten in Verlegenheit.

Man gelangte mit Mühe dahin, einen Fond von 30.000 Livres zusammenzubringen, um sich eine Lieferung zuzusichern, die wir aus Auvergne und Dauphine erhalten sollten. Diese Hilfe war gering für eine bevölkerte Stadt, welche in dem unglücklichen Zustand, womit sie bedroht wurde, nicht hoffen durfte, ihre Vorschüsse wieder erheben zu können. Man schlug alles zu Geld an, was man in den Buden der Aufkäufer und in den Warenlagern der Kaufleute fand und legte Beschlag auf alle Vorräte, die zu finden waren, indem die Gemeine sich für die Zahlung verbürgte.

Es kam hauptsächlich darauf an, ein erstes Hospital einzurichten. Niemand wollte es in der Stadt dulden und doch erkannte jedermann die Ungemächlichkeiten und Schwierigkeiten, welche entstehen mußten, wenn man die Charité dazu wählte, aus welcher ein Haufen von Armen fortzuschaffen war, den man nirgends unterzubringen wußte. Das Kapuzinerkloster, welches luftiger und abgesonderter, wie jedes andere lag, schien am bequemsten, um sie aufzunehmen. In wenigen Stunden waren die Mönche mit ihrem Hausrat daraus fortgeschafft; allein, um nun das Hospital einzurichten, wäre ein Kostenaufwand erfordert worden, den die Gemeine weder unternehmen, noch aushalten konnte. Die vornehmsten Bürger, die man immer berief und zu Rate zog, gaben uns nur Vorschläge an die Hand; aber kein einziger stimmte darauf, irgendeinen Geldbeitrag anzuschaffen, so daß, wenn man die damals gepflogenen Beratschlagungen untersuchen wollte, man finden würde, daß alles einstimmig darauf hinauskam, daß man nichts tun wollte. Mitten in dieser Untätigkeit setzte uns ein zweiter Anfall von der Pest in den Stand, zu urteilen, daß nicht mehr die Rede davon sein konnte, sich zu schmeicheln, man habe die Fortschritte der Seuche gehemmt. Ich will die genaueren Umstände davon anführen.

13. Kapitel.

Zweiter Zeitpunkt der Pest in drei verschiedenen Häusern. Genaue, aber vergebens angestellte Untersuchungen, um die Ursache zu entdecken. Verschiedene Vorkehrungen, die man bei dieser Gelegenheit traf.

AM 3. des Dezembers 1720 starb eine schwächliche Witwe, Tassy mit Namen, an einer Entkräftung. Ihr unbedeutender Nachlaß, welcher in einigem Hausrat von geringem Wert bestand, wurde gleich am folgenden Tage unter drei Erben geteilt, die nicht erwarteten, daß die Pest das unselige Erbteil wäre, welches sie erhalten hätten.

Einer dieser Erben, Bonnet genannt, starb fast plötzlich in der Nacht des 6. Dezembers. Dergleichen Todesfälle machen gewöhnlich Aufsehen in kleinen Städten, besonders wenn die

Furcht vor der Pest die Aufmerksamkeit spannt. Man brachte die Familie und die Mietsleute in dem Haus dieses Bonnets in Sicherheit, und ließ aus demselben niemand herausgehen, bis die Ärzte, denen aufgetragen wurde, die Art der Krankheit, an welcher Bonnet gestorben war, zu untersuchen, entschieden, es sei ein Schlagfluß gewesen. In Rücksicht auf diesen Bericht wurde die Beerdigung gestattet und die Familie wieder in Freiheit gesetzt.

Einen gewissen Michel, den zweiten Erben, befiel sie am 9., drei Tage nach Bonnets Tode. Da er gestand, daß er die Pest habe, wurde er in der Nacht nebst seiner Frau und seinem Sohn aufgehoben. Man brachte sie in das Hospital St. Roch, welches man immer wie einen Aufbewahrungsort ansah. Man trug dem Beichtvater auf, zu ergründen, woher die Ursache dieses neuen Unglücks entstanden sein könnte. Er berichtete uns, man könne sie nur auf den Hausrat der Witwe Tassy schieben. Vater, Mutter und Sohn hatten ein gleiches Schicksal und starben plötzlich in weniger wie zehn Tagen.

Diese aufeinanderfolgenden Sterbefälle ließen uns mit Recht vor den Folgen zittern, die Bonnets Tod haben würde, den man nicht mehr für gewöhnlich und natürlich hielt, und wir sahen eine Reihe von Leiden voraus, die um so ausgedehnter sein mußte, je weniger man die Familie gehindert hatte, mit anderen in Gemeinschaft zu kommen. Der einzige Weg, den man, obgleich spät, nehmen konnte, war, sich dieser Familie und der von der Witwe Remedi, als der dritten Erbin, zu versichern. Man verwies sie in ihre Landhäuser und versah sie mit Wachen, welche teils auf sie acht haben, teils für ihren Unterhalt sorgen sollten. Von 15 Personen, woraus diese beiden Familien bestanden, starben drei von den Angehörigen der Witwe Remedi, als ob die Gleichheit der Erbschaft dadurch gerechtfertigt werden müßte, daß jeder seinen Anteil an dem Unglück trüge. Da keine Anzeige vorhanden gewesen war, daß die Witwe Tassy und ihre Erben mit Cancelins Familie in Verbindung gestanden, waren alle unsere übrigen Nachforschungen fruchtlos. Dieser zweite Zeitpunkt, dessen Ursprung wir nicht entdecken konnten, machte es allen Einwohnern begreiflich, daß es Zeit wäre, sich gegen die Gefahr der Mitteilung ernstlicher zu verwahren. Der Herr Bischof wurde ersucht, die Feierlichkeiten des Weinachtsfestes einzustellen. Es wurde weder eine Mitternachtsmesse, noch Predigt in keiner Kirche gehalten, und von dem Tage an war Toulon wie eine blockierte Stadt anzusehen, zu welcher die Pest alle Zugänge gesperrt hatte.

14. Kapitel.
Verschiedene Bemerkungen über den Bericht der Ärzte und über die Verwahrungsmittel.

ES ist nicht mit der Pest, wie mit vielen anderen Krankheiten beschaffen, deren Gattung gewöhnlich durch bestimmte Kennzeichen angezeigt wird. Die Zeichen der Pest sind auf so vielfache Weise verschieden, daß man sich nicht wundern darf, wenn auch der geschickteste Arzt sich darin irrt. Es ist ein seltener Fall, daß man die wahren Anzeigen der Pest an den ersten Kranken, welche davon befallen werden, erkenne. Das hitzige Fieber, zum Beispiel, der Durchfall, das Nasenbluten, die Würmer, die Raserei, die Schwere des Haupts und der Glieder; alle diese Zufälle sind bekannt; allein sie führen in der Pestzeit irre und trügen um so leichter, da sie zuweilen die sichersten Kennzeichen der Pest sind. Man stirbt daran, ohne daß äußerlich, weder Geschwür, noch Beule zu sehen sind. Ein Arzt, den man herbeiruft, um die Todesart außer Zweifel zu setzen, versichert, wenn er nichts findet, was ihn die Ursache argwöhnen läßt, daß hier kein Verdacht stattfinde; und er irrt. Dieser Kranke, unter dessen Achseln oder auf dessen Weichen keine Beule sichtbar gewesen ist, hat sie dennoch innerlich, und grade deswegen tötet ihn die Heftigkeit seines Übels, weil die Beule sich äußerlich nicht hat offenbaren können, weder durch Geschwulst, noch durch irgendein anderes Kennzeichen, das ihren Durchbruch und ihre Reife ankündigte.

Um alle Zweifel zu verbannen, soll der Arzt seinen Bericht auf eine eigene genaue Untersuchung gründen; verläßt er sich auf das Zeugnis anderer; so kann sein Bericht vielleicht nicht treu sein. Dieser andere, wer er auch sei, bei welchem sich der Tote oder Kranke befindet, ist schon zu sehr in Angst geraten, als daß er seine Leiden noch vermehren möchte. So gewiß er daher auch weiß, daß der Kranke an der Pest gestorben ist; so hütet er sich doch wohl, nur einmal zu gestehen, daß er dies argwöhne, indem dies Bekenntnis seine Verbannung nach sich ziehen und seine und seiner Familie Einsperrung die einzige Frucht seiner Wahrheitsliebe sein würde. Ich kann bei dieser Gelegenheit eine Tatsache anführen, die meine Bemerkung rechtfertigt.

Ein Arzt aus Toulon hatte in meiner Gegenwart gesagt, der Argwohn der Pest, womit man die ganze Stadt in Schrecken setzte, sei ein Hirngespinst und beruhe allein auf dem Zeugnis zweier Wundärzte, die nichts davon verstünden. Hierauf bat ich ihn, mich zu einer Frau zu begleiten, die davon befallen war und selbst zu untersuchen, was davon zu halten wäre. Er gab mit Mühe meinen Bitten nach; endlich aber entschloß er sich doch mitzugehen und die Kranke in der Nähe zu sehen. Als er keine Beule bemerkte und ich hierüber ebenso verwundert war, wie er, sagte er: „Sehen Sie! So werden Sie getäuscht; diese Frau hat so viel von der Pest, wie ich." Vergebens machte er sich fertig, das Zimmer zu verlassen; ich hielt ihn darin zurück, bis zur Ankunft der beiden unwissenden Wundärzte, welche ich rufen ließ. Der eine von ihnen bezeugte mir ebensoviel Mißvergnügen darüber, daß er mich in einem angesteckten Hause fand, als es ihm angenehm zu sein schien, den Arzt zum Teilnehmer an der Gefahr zu haben. Er näherte sich der Kranken, drückte auf eine ihrer Weichen und ließ uns mit augenscheinlicher Gewißheit eine Beule wahrnehmen: „Da ist eine!" sprach der Wundarzt, „und hier die andere." – „Das ist genug", erwiderte der Arzt, „die Menge entscheidet nichts; man muß sie anfühlen." Hierauf schlug er seinen Ärmel zurück, um nichts damit zu berühren und scheute sich nicht, durch wiederholtes Anfühlen dasjenige zu bestätigen, was er nur noch mit seinen Augen gesehen hatte. Ich war begierig seine Meinung darüber zu hören. Er antwortete mir ziemlich kalt: diese vermeintlichen Beulen seien nichts anderes, als bewegliche Geschwüre und Geschwulste, die eine Darmgicht zum Grunde hätten, keineswegs aber Anzeigen von der Pest.

Weil nun also ein geschickter Kunstverständiger, ungeachtet der augenscheinlichsten Kennzeichen der Pest, sich dennoch täuschte; so darf es nicht befremden, daß wir alle blind gegen die Art dieser Krankheit waren. Jene Frau starb zwei Tage nach unserem Besuch. Hätte man ihre Todesart nach einem Bericht außer Zweifel setzen wollen; so war hier kein scheinbares Kennzeichen der Pest vorhanden gewesen. Man hätte aber die Weichen befühlen sollen; dann würde man die Geschwulste gefunden haben, die bei ihrer Entstehung schon den Tod ver- kündigen.

Da nichts in einer Stadt den Verdacht der Pest sicherer be- kräftigt, wie die schnell aufeinanderfolgenden Todesfälle in einer Familie; so muß man sich alsdann nicht mehr auf Berichte verlassen. Es ist der Klugheit gemäßer, sich zu überzeugen, daß aller Orten Gefahr sei, wo man glauben könnte, daß dergleichen nicht wäre; und weil wir doch bald sehen werden, daß man die gegenseitigen Besuche wird verbieten müssen, welche man seinen kranken Verwandten oder Freunden abzustatten pflegt, und wobei es üblich ist, sich an ihrem Todestage zu versammeln; daß man die Kirchen verschließen; daß bei der Beerdigung alles Gefolge und aller Auflauf wegfallen wird; daß wir uns allen Umgang, alle Gesellschaft versagen und noch bedauern werden, uns dies Gesetz nicht früher auferlegt zu haben; warum soll man sich denn nicht beizeiten in das fügen, was man doch einst und immer zu spät zu tun gezwungen sein wird? Man vergesse aber nicht, daß, von dem Tage an, da man den Entschluß gefaßt hat, mit niemand mehr Gemeinschaft zu haben, man die, nach der Gasse führenden Fenster unserer Häuser mit Vorhängeschlös- sern versehen, die Kellerlöcher und die Öffnungen, durch wel- che man auf die Dächer steigen kann, versperren, mit einem

Wort! jeden Zugang, durch welchen man etwas empfangen oder geben kann, verschließen müsse. Wir haben alles von der Untreue oder Liederlichkeit eines Dienstboten zu fürchten, der solche Vorkehrungen, welche ihn einschränken und gefangenhalten, für kindisch und überflüssig hält.

Die, welche allein ein Haus bewohnen, müssen den Vorteil erkennen, der erwächst, wenn man ein Stockwerk freibehalten und mit allen Notwendigkeiten versehen, in welches man nackt eintreten und gesunde Kleider anziehen kann, im Fall uns die Pest anderswo überrascht hätte.

Dies Unglück begegnet selten, ohne daß man die Schuld davon irgendeiner Nachlässigkeit von jemand zuzuschreiben hätte, auf den man sich verlassen hatte, und der, wenn er der Wachsamkeit müde ist, welche ununterbrochen sein muß, die Aufsicht einem anderen übertragen hat. Glücklich sind die, welche, hinlänglich mit Vorräten versehen, nichts von außen herzuholen brauchen! Ich will es glauben, was man allgemein versichert, daß Brot und andere Lebensmittel die Pest nicht annehmen; aber ich bin noch fester überzeugt, daß der, welcher sich enthalten kann, dergleichen Versuche zu machen, ein Mittel wähle, das, meiner Meinung nach, unfehlbar ist.

15. Kapitel.
Ob es vorteilhaft oder schädlich sei, solchen Familien, die verdächtig sind, von der Pest angesteckt zu sein, zu erlauben, daß sie in ihren Landhäusern Quarantäne halten.

MAN erlaubte und man mußte, wie es scheint, den Familien Bonnet und Remedi, die beide ziemlich zahlreich waren, erlauben, in ihre Landhäuser zu ziehen, um daselbst, unter den Augen eines bekannten Aufsehers, Quarantäne zu halten. Man konnte billigerweise ihnen nicht zumuten, dies in St. Roch zu tun, wo Michel und die Seinigen eben erst gestorben waren. Auch waren diese beiden Familien mehrere Tage hindurch in ihren Häusern eingeschlossen gehalten worden, ohne daß das

Geringste vorgefallen wäre, woraus man aufs neue hätte Verdacht schöpfen können; und ungerechnet, daß sie dort imstande waren, sich Beistand zu verschaffen; so hatte sie auch das unglückliche Schicksal ihres Miterben zu sehr in Schrecken gesetzt, als daß sie nicht selbst mit der größten Strenge hätten wachsam sein sollen.

Übrigens darf man sich nicht einbilden, daß, wenn die Pest erst einige Fortschritte gemacht hat, es möglich sei, so viele Familien, als Personen in der Stadt erkranken, in die Aufbewahrungshäuser bringen zu lassen.

Hätte man da auch Wohnungen, von so weitem Umfang, wie die in Toulon eingeschränkt sind; so würde doch die Ausführung eines solchen Vorsatzes weder heilsam, noch möglich sein; und weit entfernt, Familien, die nur noch verdächtig sind, näher zusammenzubringen, denke ich, man könne sie nicht genug trennen, sie nicht genug aufmuntern, nach ihren Landhäusern zu gehen, wenn sie dort imstande sind, sich Pflege zu verschaffen. Verfolgt sie das Unglück bis dahin; so würde ihr Los ohne Zweifel dasselbe in einem Quarantäne- und Schmerzenhaus gewesen sein, in welches die Pest täglich Eingang findet. Noch muß ich bemerken, daß, wenn man beizeiten die weise Vorsicht braucht, Kommissarien und Syndici in dem Gebiet der Stadt anzusetzen, es außerhalb ordentlicher hergehe, wie in der Stadt selber. Die Ursache davon ist begreiflich. Der Arme verläßt das Haus nicht, das er bewohnt, und gerade der Arme ist es, der zur Last fällt. Was soll man anfangen, wenn er krank wird? Meiner Meinung nach sollte man seine Familie im Haus lassen, und überhaupt keine Familie auszuziehen zwingen, wenn deren zu viele fortzuschaffen wären. Ich weiß es aus Erfahrung, daß ein Kranker, den man mit seinem Bett, mit seinen Kleidern und überhaupt mit allem, was er in seiner Krankheit gebraucht hat, fortbringt, den Seinigen weniger Gefahr zurückläßt, als wenn man diese in ein Haus führt, das noch angesteckter ist, wie das, welches man sie zu verlassen nötigt. Kurz! ich bin zu bekannt mit der Unmöglichkeit, eine Stadt, in welcher die Pest wütet, von allen verdächtigen Familien zu säubern, als daß ich mich dabei aufhalten sollte, die Schwierigkeit oder Unnützlichkeit davon auseinanderzusetzen.

16. Kapitel.

Die Pest kommt aus Marseille in die Hauptstadt der Provinz. Waren, welche unter dem Schutz eines Gesundheitsscheins nach Toulon gebracht werden, bringen eine neue Ansteckung dahin, deren Fortschritte nicht mehr aufzuhalten sind.

DIE Stadt Aix, welche fünf Meilen von Marseille entfernt ist, wurde zuerst angesteckt. Wenn die Pest in einer von diesen Städten ist; darf man, wie es scheint, auch die anderen für angesteckt halten, weil sie so nahe beieinanderliegen. Allein, obgleich man in Aix sehr deutliche Anzeigen der Pest sah; so unterließ man dort doch nicht, Gesundheitspässe auszufertigen, in welchen man bezeugte, daß sich keine Kranken in der Stadt befänden, weil man diese in der Tat fortschaffte, sobald sich dergleichen offenbarte. Diese Zettel hielten uns indessen nicht ab, sowohl in Toulon, als in dem übrigen Teil der Provinz, den Entschluß zu fassen, uns alle Gemeinschaft mit der Hauptstadt zu versagen, in welcher die Pest beinahe ein Jahr lang ebenso große Verwüstungen anrichtete, wie anderer Orten.

Den Dezember hindurch hatten wir keine Kranken mehr in Toulon. Schien das Ende des Jahres tröstlich für uns; so brachte uns hingegen der Anfang des folgenden um desto mehr Unheil, durch die übertriebene Habsucht eines unserer Einwohner, der sich mit einem Gesundheitsschein versah, welcher mörderischer wie je einer war.

Ein Mensch, Gras mit Namen, bemerkte, daß es der Stadt an groben wollenen Tüchern fehlte, deren die Armen im Winter immer bedürfen. Er gab vor, dergleichen in Signe, einem kleinen Flecken, vier Meilen von Toulon gelegen, wo man solche Zeuge verfertigte, kaufen zu wollen. Er gesellte sich einem Mauleseltreiber aus demselben Ort zu, mit welchem er von Signe nach Aix reiste, woselbst er vier Ballen von diesem Zeuge kaufte, die er in der Nacht in eine nicht weit von Signe gelegene Scheune bringen ließ; er selbst ging unter dem Schutz seines Passes wieder in den Flecken. Dort ließ er sich einen neuen Zettel für sich und den Maultiertreiber geben, in welchem bezeugt wurde, daß er von Signe, wo alles gesund sei (welches pünktlich wahr war) mit zwei Mauleseln abreise, die mit vier Ballen dort verarbeiteter Wolle beladen seien.

Derjenige, welcher diesen Schein an Gras ausfertigte, hätte vernünftigerweise sich die Urkunde über den Kauf vorzeigen lassen sollen. Allein hätte er das auch getan; so würde es doch darum dem Elenden nicht weniger leicht gewesen sein, von einem dortigen Fabrikanten die Bescheinigung über einen wirklichen Ankauf zu erlangen, um den er sich weiter nicht bekümmert hätte, indes aber die in Aix gekauften Tücher, welche unglücklicherweise für Toulon bestimmt waren, fortbringen zu lassen.

Hierher kam er am 10. Januar; er öffnete die Ballen am 11.; das Bedürfnis war so groß, daß er seine Ware in weniger wie zwei Tagen verkaufte. Seine Tochter wurde am 14. krank und starb am 17ten. Nach erfolgtem, nicht zweideutigen Bericht der Ärzte, urteilten wir, daß nun keine Zeit mehr mit weiteren Untersuchungen zu verlieren wäre, da man nicht länger an der Pest zweifeln konnte.

Der unglückliche Gras, dessen Verbrechen niemand ahnte und dessen Tränen ein Mitleid erzwangen, dessen er unwürdig war, erhielt die Freiheit, ein Landhaus zu mieten, in welchem er bewacht wurde. Er lebte dort nur fünf Tage lang. Vor seinem Tode gestand er sein Vergehen und beweinte das Schicksal einer Stadt, welcher er den tödlichsten Schlag versetzt hatte.

Es folgt nicht aus der Erzählung dieser Begebenheit, daß, weil die Stadt Aix verpestet war, darum alles, was von dort herkam, hätte sollen verdächtig sein. Ich bin weit entfernt, zu glauben, daß Waren, welche in verschlossenen Magazinen sind aufbewahrt worden, die man während der Pest nicht geöffnet hat, das Gift hätten anziehen können; allein davon bin ich überzeugt, daß, wenn jene, aus Aix geholten Ballen weder sogleich dem

Maultiertreiber geschadet, der sie aufgeladen, noch selbst in Signe, wo sich nicht die geringste Spur von der Seuche gezeigt hat, dennoch aber dieselben in Toulon geöffnete Ballen hier das Gift verbreitet haben, das in ihnen steckte, ich notwendig voraussetzen müsse, daß sie aus einem offenen Magazin seien geholt worden; denn der Reiz des Gewinnes verblendet viele Menschen über die Gefahr. Auch konnte ein Packer, wie deren wohl in verpesteten Städten umherlaufen und dem ersten, der ihnen begegnet, ihre Dienste anbieten, diese Ballen, indem er sie formte und jedes Stück Tuch durch seine Hände gehen ließ, ihnen das Gift mitgeteilt haben, wovon sie gänzlich frei waren, als sie aus dem Magazin kamen. Ist die äußere Bekleidung dieser Ballen nicht empfänglich für dies Gift gewesen; so mag dies daher kommen, daß teils dies Gift sich nicht jedem Stoff mitteilt, teils das Leinwand, welches zur Bekleidung genommen war, durch die Handhabung, der Luft ausgesetzt wurde, dahingegen die Luft dasjenige, was in den Ballen verschlossen war, nicht reinigen konnte. Wir haben davon ein sehr auffallendes Beispiel an dem Ballen Seide gesehen, den die Einwohner von Bandol von der Insel Jarre entwendeten. Es erfolgte nicht das geringste Unangenehme, als man diesen Ballen wegnahm und fortbrachte; um desto tödlicher und ausgebreiteter aber waren die Wirkungen, sobald man ihn öffnete, um ihn zu teilen.

Dies Beispiel müsse uns Nutzen bringen! Man suche künftighin in der Pestzeit genau zu erfahren, woher die Waren kommen, bei deren Empfang man nur zu sorglos zu sein pflegt! Oder besser, man suche ihrer gänzlich zu entbehren, besonders wenn sie aus einer Provinz kommen, die, wenn sie auch im ganzen nur einigen Argwohn von Pest erregt hat, schon von ganz Europa für verdächtig genug gehalten wird, um alle Gemeinschaft und Verbindung mit ihr sich zu versagen.

Von dem Tage an, da die Ballen des Bürgers Gras in Toulon waren geöffnet worden, hatten wir an jedem Tag neue Kranke. Alle diese hatten etwas in des Bösewichts Laden gekauft. Aus dieser Quelle kam das Übel; es wäre sehr unnütz gewesen, einen anderen Grund aufzusuchen. Das Feuer verbreitete sich aller

Orten und schien nur in einem Winkel zu verlöschen, um in dem anderen desto ärger auszubrechen. Wir nützten so viel möglich die Dunkelheit der Nacht, um die Fortschaffung der Toten und Kranken vor dem Volk zu verbergen. Schonungen von der Art sind eher schädlich, als nützlich, weil man dadurch das Volk einer gefährlichen Gemeinschaft aussetzt, die es vielleicht vermeiden würde, wenn es besser die Gefahr kennte, und weil man seine Nachbarn in einer verderblichen Sicherheit läßt. Die Kranken wurden in das Hospital St. Roch gebracht, in welchem man so viele abgesonderte Wohnungen eingerichtet hatte, als sich's tun ließ. Allein bald hatten wir keinen Raum mehr, und nun hörte unsere Trostlosigkeit und Verlegenheit nicht eher auf, als mit dem Ende unserer Leiden. Mit jedem Augenblick wurde unser Unglück drückender. Es stellten sich so viele verschiedene Gegenstände dar, daß es unmöglich war, auf einem einzigen hinreichende Sorgfalt zu verwenden. Ich will mich auf die kleineren Umstände einlassen, die bei dieser erschrecklichen Lage in Betrachtung kommen. So sehr ich mich auch darüber ausdehnen werde, so fühle ich doch, daß es unmöglich sein wird, jeden Punkt so gründlich abzuhandeln, wie es nötig wäre. Ich will damit anfangen, daß ich von den Vorkehrungen rede, die man, meiner Meinung nach, in Rücksicht auf ein Schlachthaus und auf die Erhaltung der Schlächter, treffen müßte.

17. Kapitel.

Vorkehrungen, die man in Ansehung einer Schlächterei und zu Erhaltung der Schlächter treffen soll.

TOULON hat nur eine Schlächterei, der man zur Pestzeit keinen anderen Platz anweisen kann. Nichts darf versäumt werden, um sie rein zu erhalten. Welche Trostlosigkeit würde nicht in einer bedrängten Stadt entstehen, wenn der Fleischverkauf unterbrochen wäre! Bei allem Mißgeschick, das mit unserem Elend vergesellschaftet war, traf uns doch das nicht; allein man hatte dies bloß der Klugheit des Monsieur Roche zu danken, dem die Aufsicht über das Schlachthaus anvertraut war und der nicht genauer besorgt für seine eigene Erhaltung, wie für seine Pflicht war. Er wachte so sorgsam über die besoldeten Leute, welche unter seinem Befehl standen, daß er ohne Gefahr die Stadt und das Land versah, weil weder er, noch die Seinigen auswärts irgendeine Art von Gemeinschaft unterhielten.

Dergleichen Beispiele würden ebenso gemein sein, wie sie selten sind, wenn jedermann sich überzeugte, daß jede Nachlässigkeit darin mit Todesgefahr verbunden ist. Denn in der Tat ist dies der einzige Damm, den man der Pest entgegensetzen kann und den ihr auch alle Mönchsklöster in Toulon mit so viel Erfolg entgegensetzten, daß sie in keines derselben eindringen konnte.

Man muß, um ein Schlachthaus von der Ansteckung rein zu erhalten, es mit einem so hinlänglichen Vorrat von Mehl versehen, als für die Menschen genug ist, welche man darin einzusperren nötig findet. Je weniger Verkehr man nach außen hin hat; desto beträchtlicher vermindert man die Gefahren. Es fällt in die Augen, daß man aller Orten Backöfen anlegen müsse, wo man glauben kann, daß sie nützlich sein möchten; oder soll man warten, bis die Pest die Notwendigkeit davon zeigt?

Glaubt man, daß alsdann die Öfen so schnell zu bauen sind, als das Bedürfnis sie fordert? Sie würden im Gegenteil zu der Zeit um so langsamer fertig werden und um so mehr Schwierigkeit verursachen, je eifriger jeder Bürger darauf bedacht ist, zu Hause, besonders auf seinem Landsitz, sich diese Hilfe zu verschaffen und also in wenigen Tagen alle Materialien, die zu Errichtung solcher Backöfen erfordert werden, vergriffen sind.

Nur in einer Gasse von Toulon wird Fleisch verkauft. Es ist leicht zu begreifen, daß das Zusammentreffen so vieler Einwohner in demselben Quartier eine zu häufige und gefährliche Gemeinschaft veranlasse. Um dieser vorzubauen und zu hindern, daß sie zu allgemein werde, verteilte man die Schlächter in die verschiedenen Quartiere. Der Befehl dazu wurde nicht eher als im Januar gegeben und da war es zu spät, weil für manche von ihnen das Fortschaffen des Hausrats und der Kleidungsstücke schädliche Folgen hatte. Es ist auch möglich, und ich zweifle nicht daran, daß sie schon in ihren Läden waren angesteckt worden, in welche haufenweise gedrungen wurde, sobald das Fleisch bei ihnen angekommen war. Alles was man Pöbel nennt, setzt um so mehr in Verlegenheit, je schwerer es ist, diesen Haufen einer gewissen Sorglosigkeit zu entziehen, die für ihn endlich so unglückliche Folgen hat. Man glaubte besser für die Erhaltung der Schlächter zu sorgen, deren Gesunde und Kranke gleich notwendig bedürfen, indem man vor jeden Fleischladen einen Schlagbaum setzte. Nun hoffte man, die Pest werde diese Grenze nicht überschreiten; allein ich habe so wenig Nutzen davon gesehen, habe gesehen, wie so viele Menschen vor diesen Schlagbäumen sich den Tod holten, daß ich sie wie die Arzneimittel betrachte, die man den verzweifelten Kranken darreicht, ohne andere Hoffnung, als die, ihnen das Leben um ein paar Tage zu fristen. Wenigstens aber soll man, um die Gefahren zu vermindern, den Schlächtern nicht zumuten, das Fleisch, welches sie austeilen sollen, selbst zu holen. Die Gemeine muß Einkäufer besolden, deren Stelle leicht wieder zu besetzen ist, und die das Fleisch in die Läden der Schlächter tragen.

Vielleicht wird man einst bessere Mittel als die Schlagbäume erfinden; allein ich bin überzeugt, daß ein Schlächter, der sich von dem Einkäufer das Fleisch, welches dieser ihm bringt, hinlegen ließe, ohne mit ihm in Gemeinschaft zu kommen und der es dann aus einem Fenster des ersten Stockwerks austeilte, indem er es in einem Korb herunterließe, worin der Käufer sein Geld legte, daß dieser Schlächter sich gewiß vor der Pest sichern würde. Die Langsamkeit, mit der dies vonstatten gehen würde, ist die einzige Ungemächlichkeit bei dem Weg, den ich vorschlage. Man kann ihr aber ausweichen, indem man die Anzahl der Schlächter vermehrt. Sehr viele Familien haben sich dadurch gerettet, daß sie ihre Lebensmittel, sogar das Wasser, sich nur durch die Fenster ihrer Häuser hatten zureichen lassen. Jeder muß da selbst Mittel erfinden, die seinem Verderben vorbeugen können. In dieser Geschichte findet man nützliche Beispiele von der Art.

Man beschuldige mich nicht, ich vergrößere die Gefahr; ich fürchte im Gegenteil, sie nicht lebhaft genug zu schildern, nicht laut genug Lärm zu schlagen, um diejenigen, welche sich in derselben Lage befinden, in der wir damals waren, zu verpflichten, richtigere Maßregeln zu nehmen, als die wir gewählt haben.

Alle diese Vorkehrungen aber werden fruchtlos, wenn man nicht noch ein Hindernis aus dem Wege räumt. Es ist gebräuchlich, daß die Schlächter an einem Tag der Woche mit dem Kassierer der Gemeine abrechnen. Der Kassierer von Toulon war in das Rathaus geflüchtet, wohin er alle Schlächter auf dieselbe Stunde zu sich berief; daraus erfolgte, daß sie sich sämtlich einander ansteckten. Und doch müssen entweder alle Schlächter zu dem Kassierer kommen, oder dieser muß sich bei ihren Schlagbäumen einstellen, oder endlich muß ein verantwortlicher Kommis[13] alle diese Wege hin und her tun; denn wollte man die Zahlungen aufschieben, zu einer Zeit, wo die Sterblichkeit so groß ist und die sogenannten Raben oft die ersten Erben sind; so würden die Gemeinen nie dahin gelangen, ihre Vorschüsse ersetzt zu erhalten.

Mich dünkt, die Gefahren für die Schlächter und für den Einnehmer würden geringer sein, wenn man einen Kommis ansetzte, der für jeden Schlächter die Einnahme besorgte und täglich Rechnung darüber ablegte. Durch dies Mittel würde man den Zusammenfluß von Menschen verhindern und weniger bei dem Tode des Kassierers zu befürchten haben, der, wenn er die Gelder der Gemeine in Händen behielt, im Fall, daß er stirbt, die Kasse der Gefahr aussetzt, weggenommen zu werden – So ging es dem von Toulon.

Da übrigens die Schlächter und andere Leute dieser Art sich nie den Vorkehrungen unterwerfen wollen, die man ihnen, ihrer

---

[13] Anmerk. d. Hrsg.: Ein Kontorist, kaufmännischer Gehilfe.

eigenen Sicherheit wegen, vorschlägt; ist es ratsam, immer vorauszusetzen, daß sie umkommen werden, und in dieser Rücksicht, so viel man kann, die Anzahl der Handwerksleute in jeder Zunft zu vervielfältigen, auch die Namen und Wohnungen derer aufzuzeichnen, welche sich anbieten. Es würde nicht mehr Zeit sein, sie aufzusuchen, um den Platz der Gestorbenen zu ersetzen, wenn der Schrecken sich aller Gemüter bemeistert hätte.

Ich füge noch hinzu, daß die Schlagbäume eine gefährliche Gemeinschaft unter denen nicht hindern können, die vor den Laden der Schlächter in Haufen treten, und daß man sie in engen Gassen auch nur auf wenige Tage errichten könne, wenn man unglücklicherweise dahin gekommen ist, in diese Gassen Karren und Raben schicken zu müssen, um Kranke und Tote fortzuschaffen. Ich setze diese Schwierigkeiten auseinander, um andere zu ermuntern, darauf zu sinnen, wie man dieselben einst besser überwinden möchte.

18. Kapitel.
Vorkehrungen, die in Rücksicht auf die Mühlen und das Mahlen des Getreides zu nehmen sind.

MAN würde vergebens auf den Beistand der Mühlen rechnen, wenn man die Müller verlöre; diese sind um so nützlicher, davon ihnen und ihrer Arbeit das hauptsächlichste Lebensbedürfnis abhängt. Man darf nichts verabsäumen, um fortdauernde Dienste von ihnen zu haben; kommen sie um, so wird es schwer werden, ihre Stellen zu ersetzen, weil in dieser Zunft, wie in manchen anderen, man die Subjekte mit Geld aufwiegen muß und dann auch eine Mühle unbrauchbar wird, sobald sie angesteckt ist.

Die Handhabung der Säcke verursacht die Gefahr; diese wird um so größer, je weniger dergleichen Leute sie kennen und man also von Obrigkeitswegen für ihre Erhaltung sorgen muß, sollte man dazu auch Zwangsmittel anzuwenden genötigt sein.

Ich denke, man sollte den Zugang zu jeder Mühle durch einen doppelten Schlagbaum sperren und die Müller wie Staatsgefangene behandeln, die mit niemand reden dürfen. Der Schlüssel zu diesen Schlagbäumen muß einem wohlgewählten Aufseher in die Hände gegeben werden. Die besten zur Pestzeit sind weder die Furchtlosesten, noch die Kühnsten, sondern die, welche die Gefahr kennen und scheuen. Man muß diesen Aufseher außer dem Schlagbaum wohnen lassen, und ihn anweisen, seine Kost aus den Händen des Müllers zu empfangen. Die kleinste Wohnung ist für ihn hinreichend. Man muß nur eine solche wählen, die vollkommen bequem gelegen sei; und da dieser Mann, auf den man sich verläßt, wenn er sich im geringsten vergißt, größerer Gefahr als der Müller ausgesetzt ist, muß auch dieser alle weitere Gemeinschaft mit ihm vermeiden. Dem Übel vorzubauen, welches die Säcke stiften können, wie man es immer fürchten muß, das scheint nicht so leicht; das einzige Mittel dazu ist, daß man eine gewisse Anzahl Säcke in die Mühlen liefere, nach Verhältnis des Bedürfnisses und des Umfangs der Städte. Der Müller muß, wenn er die Säcke in Empfang nimmt, welche ihm aus der Stadt gebracht werden, sie auf die Erde ausschütten und das Getreide dann in die füllen, welche man ihm geliefert hat. Da es jedoch unvermeidlich ist, daß er abwechselnd sich der seinigen und derer, welche aus der Stadt kommen, bediene, sollen diese letzteren nie bis zu ihm gelangen, bevor man sie in heißes Wasser getaucht habe. Ich erwarte von der vernünftigen Überlegung desjenigen, dem diese Reinigung aufgetragen ist, daß die Leute, welche unter seinem Befehl stehen, nie selbst die Säcke in den Kessel werfen, sondern daß jeder Fuhrmann angehalten werde, die seinigen zu reinigen.

Toulon hat Mühlen genug, bei welchen allen diese vorgeschlagene Einrichtung anzubringen gewesen wäre, wenn man die Nützlichkeit und Notwendigkeit davon gekannt hätte. Man glaubte, keiner Vorkehrungen zu bedürfen, weil die Mühlen beinahe eine Meile weit von der Stadt entlegen sind und man viele andere Gegenstände zu beobachten hatte, wovon einer dringender als der andere wurde. Hieraus folgte, daß, als alle

Müller gestorben waren, die Mühlen unnütz wurden. Wir werden sehen, wie weit es mit dem Elend der Stadt kam und wie wenig man auf das Mahlen des Getreides rechnen dürfe, selbst wenn man annimmt, daß Mühlen und Müller keiner Gefahr ausgesetzt wären.

19. Kapitel.

Vom Mehl; von Bäckern und Backöfen; drei Gegenstände, welche die ernstlichste Aufmerksamkeit erfordern.

Vom Mehl.

EINE Stadt, die eine andere, in welche die Pest gedrungen ist, zur Nachbarin hat, zieht davon wenigstens den Nutzen, daß sie beizeiten ihre Maßregeln für den künftigen Unterhalt nehmen kann. Unter diesen ist eine der wichtigsten, daß sie alles Brotkorn, was sie vorrätig hat, in Mehl verwandle, aus Furcht, es möchte ihr dies Korn in der Folge, durch den Tod der Müller, oder der Fuhrleute, unnütz werden.

Es ist jedoch nicht genug, daß eine Gemeine sich einen Vorrat von Mehl verschaffe; sie muß auch behilflich sein, und dazu ermuntern, daß die Bäcker ein Gleiches für sich tun. Das wirksamste Mittel, dies zu erlangen, ist, sie von allen den Abgaben zu befreien, die man sonst der Stadt für das Mahlen des Getreides entrichten muß. Diese Auflage, welche täglich das bare Geld der Bäcker wegnimmt, verhindert sie, aufzukaufen und sich so schnell mit Vorräten zu versehen, wie es in den Umständen wichtig ist.

Damit indessen nicht die Bäcker auf Unkosten der Öffentlichkeit den Vorteil von diesem Erlaß ziehen; ist es billig, nach Verhältnis den Brotpreis zu vermindern. Die Verteuerung des Brotkorns, die immer, in einem von der Pest bedrohten Ort, ungemein groß ist, indem jeder sich mit einem übertrieben starken Vorrat versieht, verursacht einen Mangel, bei welchem die Armen außerordentlich leiden. Die erste Erleichterung, welche man diesen verschaffen kann, ist, daß man aufhöre, Abgaben, von ihren Lebensbedürfnissen zu erheben. Es ist wahr, daß die Gemeine alsdann ihre Einkünfte verliert; allein dieser Verlust ist für nichts zu rechnen, wenn er zum Zweck hat, dem der Einwohner vorzubauen.

Man muß bei den Bäckern nur dasjenige Mehl liegen lassen, was sie auf eigene Rechnung haben mahlen lassen und die Gemeine muß von dem Ihrigen nur dann hergeben, wenn es nötig ist; sonst verliert sie einen Teil ihres gesammelten Vorrats, wenn der Bäcker erkrankt, oder stirbt. Tritt der Fall ein, daß sie gezwungen ist, aus ihren Magazinen herzuschießen; so soll dies täglich und in kleiner Quantität geschehen; denn befleißigte man sich keiner klugen Sparsamkeit; so würde der Vorrat bald verschwendet sein und man würde in außerordentliche Verlegenheit geraten. Man glaubt es gut einzurichten, wenn man einen Bäcker reichlich versieht; aber man überlegt nicht genug, daß sein Tod den Verlust einer kostbaren Ware nach sich ziehen kann, die nicht so leicht wieder zu erlangen ist.

Wenn es eine Ungemächlichkeit ist, den Gebrauch der Säcke in der Pestzeit nicht untersagen zu können; so ist es ohne Zweifel nützlich zu wissen, daß man alles von diesem Gebrauch zu fürchten habe, wenn nicht die Säcke, welche durch so viele Hände gehen, oft von der Ansteckung gereinigt werden. Da eine Stadt sich nicht so sehr mit Vorräten versehen kann, daß sie mehrere Monate hindurch aller Hilfe von außen entbehren könnte; ist es die Pflicht derer, welche ihr als Obrigkeiten vorstehen, beizeiten in den benachbarten Provinzen Briefwechsel zu unterhalten, damit man von dorther Mehl bekommen könne, weil man dergleichen nicht mehr zubereiten lassen kann, wenn aller Transport untersagt ist. Hierdurch weicht man einer Menge Verlegenheiten, Ungemächlichkeiten und Gefahren aus.

Von den Bäckern.

DER Überfluß an Mehl hört auf nützlich zu sein, wenn es anfängt, an Bäckern zu fehlen. Wenn die Bürgermeister wissen, daß die Pest in ihrer Stadt ist; müssen sie, jedoch ohne den Mut zu verlieren, erwarten, sie bald entvölkert und wenigstens zwei Drittel ihrer Bäcker dahinsterben zu sehen, sobald man sich, was die Sorgfalt für ihre Erhaltung betrifft, auf sie selber verläßt. Unsere traurige Erfahrung müsse sie belehren, daß sie in Rücksicht darauf weit genauere und strengere Maßregeln nehmen müssen, als die waren, wovon wir Gebrauch machten und die uns einen Brotmangel zuzogen, indem von 135 Bäckern, 113 in weniger als Monatsfrist, umkamen.

In dieser äußerst fürchterlichen Lage, in welcher wir die Pest nur als das geringste unserer Übel ansahen, hatten wir glücklicherweise zwei Hilfsquellen: die Bäckerei des Königs, die auf dem Glacis der Festung gelegen ist, und in welcher Schiffszwieback für die Flotte gebacken wird, war damals frei. Hier fanden wir 35 Öfen, im Stand, gebraucht zu werden. Wir ließen aus gesunden Gegenden so viele Bäcker kommen, als nötig waren, um unserem dringenden Bedürfnis abzuhelfen; und so erhielten wir dann endlich Brot, welches drei Tage lang gefehlt, und an dessen Stelle man Reis ausgeteilt hatte. Allein neue Schwierigkeiten vermehrten unsere Verlegenheit; diejenigen, denen man den Verkauf des Brots aufgetragen hatte, erlitten dasselbe Schicksal, als die Bäcker; die meisten von ihnen starben.

Unsere zweite Hilfe beruhte auf unseren Nachbarn.

Weil die Anzahl der Öfen, die wir in der königlichen Bäckerei in Besitz hatten, nicht hinreichte, diejenigen zu ersetzen, welche in der Stadt eingegangen waren; machten wir uns die günstige Stimmung der Bürgermeister in Seine, die geneigt waren, uns mit Brotlieferungen zu helfen, zunutze. Diese Gemeine war in unserer Nachbarschaft die einzige, welche bis dahin von der Pest verschont geblieben, folglich die einzige, von der wir die angebotene Hilfe annehmen konnten. Dies Dorf hat einen Hafen, welcher eine kleine Meile von dem in Toulon entfernt liegt, so daß wir ohne Schwierigkeit unser Mehl in Nachen dahin bringen und täglich frisches Brot herholen konnten.

Diese Hilfsquellen waren einzig in ihrer Art, und wenige Städte würden sich ähnliche verschaffen können; folglich ist darauf nicht zu rechnen. Allein, in welcher Lage man sich auch befinden möge; so erheischt doch die Klugheit, daß man die

Bäcker, die von allen Zunftleuten die nützlichsten sind, durch eine zugleich sehr begünstigende und sehr strenge Behandlung auszeichne. Ein Bäcker muß mit seiner Familie allein das Haus einnehmen, in welchem sein Backofen ist. Der Gemeine liegt es ob, ihn reichlich mit allem zu versehen, was er bedarf, sowohl für seine Bäckerei, als für seinen Unterhalt, und seine Arbeit gut zu bezahlen. Seiner Freiheit aber muß er beraubt, die Schlüssel zu seinem Haus müssen dem Quartierskommissar übergeben, und ihm nicht erlaubt werden, Verkehr zu haben, mit wem es auch sei. Man könnte desfalls den Versuch machen, an einer, vor seinem Haus zu errichtenden Befriedigung, eine Drille anzubringen, so wie man sie an den Nonnenklöstern findet, vermittelst welcher empfangen und gegeben wird, ohne daß man nur einmal die Person sieht, welche jenseits steht.

Bäcker, welche auf diese Weise behandelt würden, könnten sich nicht anders als glücklich schätzen, wenn sie vernünftig wären. Es ist nützlich, sie von dem Unglück zu unterrichten, was ihren Amtsgenossen in Toulon wiederfahren ist, damit sie es fühlen, von welchem unschätzbaren Wert die Vorkehrungen sind, die man zu Erhaltung ihres Lebens trifft, sollte man es damit auch so weit treiben, daß man ihnen, bei Verlust dieses Lebens, verböte, aus ihren Häusern zu gehen. Wir verdanken die Befolgung eines Gesetzes öfter einem gegebenen Beispiel von Strenge, als der Weisheit, mit welcher das Gesetz ist verfaßt worden.

Von den Backöfen.

WARUM denkt man nicht in ruhigen Zeiten an die Bedürfnisse, welche man haben wird, wenn es dahin kommen sollte, daß man von den Greueln der Pest heimgesucht würde? Warum hat man, unter der Menge von Klöstern, deren Erbauung außer den Städten gestattet worden, keines so einrichten lassen, daß es in dringenden Vorfällen zu einem Hospital dienen könnte? Der Riß zu diesen Gebäuden hätte sich so entwerfen lassen, daß man sie in wenigen Tagen, ohne große Unkosten, in weite Säle abteilen könnte. Bedienen wir uns aber jetzt derselben Gebäude, so wie sie sind; so sehen wir uns gezwungen, in mehrere Häuser eine Anzahl von Kranken zu verteilen, welche, bei besserer Einrichtung, füglich ein einziges fassen könnte, wodurch dann auch die Menge der aufwartenden Personen vermehrt wird. Man bemerkt in großen Städten Verschönerungen aller Art; weitläufige Hospitäler, für gewöhnliche Kranke; Magazine, in welchen man den Überfluß für den künftigen allgemeinen Unterhalt aufhäuft; nichts scheint der weisesten Vorsorge entgangen zu sein, und doch hat noch niemand sein Augenmerk auf die Bedrängnisse gerichtet, deren Beschreibung ich hier liefere.

Eine notwendige Anlage würde die der Backöfen sein, deren jede Stadt eine gewisse Anzahl auf einem Platz in Bereitschaft haben müßte. Man hat gesehen, welchen Nutzen die königliche Bäckerei in Toulon leistete und wie unbrauchbar die gewöhnlichen Backöfen werden, wenn die Bäcker umgekommen sind. Viele Städte in der Provence haben Mangel daran gehabt und sind dadurch in die äußerste Not geraten. Dieselben Öfen würden zur Zeit einer Hungersnot Vorteil bringen und die Unordnungen verhindern, welche alsdann immer durch den zügellosen Pöbel veranlaßt werden und oft den Bäcker in Gefahr stürzen. Für den Aufwand, den die Anlage erforderte, würde man eher entschädigt werden, als man es glaubt.

In dringenden Umständen wären es Bäckereien, in ruhigen Zeiten würden sie vermietet. Wohl den Städten, die nie empfänden, wie notwendig solche Anlagen wären! aber gewiß würden diejenigen sich glücklich schätzen, die einst, wenn das Schicksal sie träfe, den Nutzen davon zögen.

20. Kapitel.

Hinderung alles dessen, was ein Gedränge von Menschen veranlassen kann. Verschlossene Kirchen. Befehle die Kranken anzuzeigen. Verbot, die Wohnung zu verändern und Hausrat und Kleider an einen anderen Ort bringen zu lassen. Besuche bei Kranken untersagt. Teuerung der Lebensmittel. Unterhaltung der Armen. Zufluchtsort für die Bettler.

DIE Fortschritte, welche die Pest in einer Stadt macht, entstehen immer aus einer Gemeinschaft, die man vermeiden könnte. Man entschließt sich spät, diese zu untersagen, weil man erst spät die Gefahr derselben einsieht. Es ist der Klugheit gemäß, sie anzukündigen, und besonders dem Pöbel die Gelegenheiten zu benehmen, welche jene Gemeinschaft häufiger und beträchtlicher vermehren können.

Sobald man nicht mehr an der Pest zweifeln darf, müssen wir alle die, welche sich uns nähern, für verdächtig halten. Der Weisheit der Obrigkeiten, welche über das allgemeine Wohl wachen, kommt es zu, alles zu verhindern, was einen Zusammenlauf von Menschen veranlassen kann. Noch vernünftiger ist es, sich selber dies Gesetz aufzulegen. Prozessionen, Tragung des Sakraments, wobei das Volk zusammenläuft, feierliche Leichenbegängnisse, Schauspiele; das alles muß untersagt werden.

Man kann die Märkte in den verschiedenen Quartieren nicht genug vervielfältigen. Es ist sogar notwendig, die Kirchen zu verschließen. Alle diese Vorkehrungen wurden in Toulon getroffen; allein es hätte früher geschehen müssen.

Jeder Toter, zu welchem weder Arzt, noch Wundarzt, noch Apotheker war berufen worden, wurde für verdächtig gehalten und seine Familie in das Hospital St. Roch geführt. Manche entschuldigten sich mit ihrer Dürftigkeit, und um ihnen diesen Vorwand zu benehmen, erlaubte man den Apothekern, denen, welche dessen benötigt sein möchten, auf Kosten der Gemeine die Arznei zu liefern. Eine Familie, die man, weil sie dennoch das Gesetz übertreten hatte, aufhob und sie zwang, den Leichnam selbst fortzuschaffen, von welchem sie versicherte, daß er unverdächtig wäre, ersparte uns die Mühe, genauer über dergleichen Vorfälle zu wachen.

Es wurde verboten, die Wohnung zu wechseln, Hausrat und Kleider aus einem Haus in das andere bringen zu lassen und, was es auch sein möchte, aus dem Fenster zu werfen. Alle diese Punkte sind von großer Wichtigkeit.

Man darf nicht erlauben, daß ein Einwohner, welcher hinaus auf das Land gezogen ist, seine Stadtwohnung einem Verwandten oder Freund abtrete, in dessen Haus die Pest ist, aus Furcht, daß dieser Verwandter oder Freund Mietsleute anstecken könnte, die alles anwenden sich gesund zu erhalten. Auch darf es diesem Bürger nicht freistehen, wiederzukommen und sein Haus zu beziehen, er müßte denn keine Mietsleute darin haben, indem seine Rückkunft in die Stadt nach einiger Zeit die Notwendigkeit anzeigt, in welcher er sich befunden hat, hierher seine Zuflucht zu nehmen.

Es kommt eine Zeit, wo es in der Stadt gesunder zu leben ist, als in dem Gebiet umher. Die Ursache davon ist sehr begreiflich; hier fängt die Krankheit an, dort hat die Pest alles verödet. Man soll sich gegen seine abwesenden Bürger mit derjenigen Strenge betragen, welche wir nicht einmal gegen die fremden Quarantänehaltenden ausübten, weil wir noch nicht unterrichtet und noch nicht genug in Schrecken gesetzt waren.

Das Fortbringen von Kleidungsstücken kann nicht anders als mit unendlichen Gefahren vorgenommen werden. Diese Kleider können diejenigen anstecken, bei welchen man sie absetzt. Sodann ist auch die Pestzeit eine Zeit für Diebe und Hehler, weil sie eine Zeit der Impunität[14] ist. Desfalls stiftet das Verbot solcher Transporte einen doppelten Nutzen, indem es die Ansteckung gesunder Häuser und die Plünderung der entvölkerten Wohnungen verhindert. Man bemerke aber, daß es hart sein würde, wenn man Verwandte und wohltätige Menschen abhalten wollte, solchen Familien, die keine reinen Kleidungsstücke

---

[14] Anmerk. d. Hrsg.: Dieser Ausdruck bezeichnet einen Zustand, in der eine strafwürdige Tat, unbestraft bleibt.

haben, dergleichen zu verschaffen. Man muß in solchen Fällen gegenseitige Dienste begünstigen, jedoch geschehe dies mit Erlaubnis des Quartierskommissars, der sich vorher von den Umständen unterrichten muß.

Das Verbot, nichts aus den Fenstern zu werfen, ist einer guten Polizei angemessen, und man muß strenger in der Pestzeit darauf halten, als zu jeder anderen Zeit, weil zu befürchten steht, daß die verpesteten Kleidungsstücke von jemand aufgesammelt werden, und das Gift, wovon sie angesteckt sind, anderwärts mitteilen könnten. Man mag dasjenige, was ein an der Pest Gestorbener in Gebrauch gehabt hat, nicht gern länger vor Augen haben; seine Kleider sind wirklich zu nichts, als zum Verbrennen zu brauchen und sollen auch, so oft man dergleichen findet, in Gegenwart der Kommissarien, verbrannt werden.

Obgleich es nützlich ist, während der Pest den Gebrauch, kranke Verwandte und Freunde zu besuchen, abzustellen; so darf man doch dies Verbot nicht bis auf solche Kranke ausdehnen, deren Krankheiten bekannt und von gewöhnlicher Art sind, sondern nur auf solche, deren Zufälle auffallend und folglich verdächtig scheinen.

Die Sorgfalt, mit der jedermann sich beeiferte, sich Vorräte aller Art anzuschaffen, trieb notwendig den Preis aller Lebensmittel aufs höchste hinauf. Was man täglich für den beständigen Unterhalt kauft, ist für nichts zu rechnen; wenn aber die Furcht vor Mangel auf diesen Handel Einfluß hat; dann wird dieser Gegenstand so wichtig und so übertrieben, daß er uns, mitten im Überfluß, in Mangel stürzt. Man sollte nicht leiden, daß Privatpersonen auf diese Weise einen Vorrat sammelten, der dem Volk, welchem sie die Nahrung entziehen, zum Nachteil gereichte.

Der Mangel wurde eine zweite Pest in den vornehmsten Städten der Provence. Die Armen konnten nicht von Almosen leben, weil sie niemand fanden, der ihnen dergleichen gab. Die Bürgermeister von Toulon ließen jedem Bettler Suppe und Brot reichen. Diese Austeilung geschah in vier Mönchsklöstern, denen man das Verzeichnis der Armen in ihrem Quartier gab. Man hätte die Anzahl der Austeiler vermehren sollen, um die Haufen von Menschen, welche zusammenkamen, zu verringern; die Menge der Armen wuchs so sehr an, daß man diese Austeilungen einstellen mußte, und ich glaube, daß Almosen an Geld wohlfeiler zu stehen kommen, weniger Verlegenheiten veranlassen und weniger Gefahr bringen würden.

Man sah sich in der Notwendigkeit, sich aller wirklichen Bettler zu versichern; man setzte sie, 250 an der Zahl, in ein Schiff, welches man auf der Reede, nahe bei Mouvillon, auf den Strand gesetzt hatte, gesellte ihnen einen Geistlichen, einen Wundarzt und zwei Kommis zu und gab ihnen Lebensmittel auf zwei Monate. Aber zu spät. Die Bürgermeister, die immer der Öffentlichkeit wegen ihrer Verwaltung verantwortlich sind, fürchteten bei jedem Schritt, zu weit in den Ausgaben zu gehen; allein die Erfahrung lehrte uns, daß alle solche Einrichtungen, wenn man sie zu spät trifft, indem der Sturm schon da ist, unsichere Hilfsmittel sind, auf welche man nicht mehr rechnen darf.

Den einzigen Weg, den man in solchem Falle in Rücksicht auf die Armen einschlagen kann, ist der, die Fremden zu entfernen, so lange man sie noch da, wo sie zu Hause sind, wieder aufnehmen muß, weil nämlich noch kein Verdacht von Pest stattfinden kann; die einheimischen Armen aber beizeiten einzusperren. Ich verstehe darunter nur die, welche außerstande sind, ihren Unterhalt zu erwerben; denn es gibt eine Zeit, wo die, welche sich rühren können, uns wahrhaft nützlich werden.

21. Kapitel.

Berufene Versammlung im Rathaus, wo die allgemeine Quaran-
täne der Einwohner beschlossen wurde. Aufhebung der Bürger-
wache. Verlegung der Soldaten aus den Häusern der Bürger.
Nützliche Erläuterungen für amtsführende Bürgermeister.

NIEDERGEDRÜCKT von einer Last, deren Gewicht wir nicht einmal ganz kannten; beschwert mit tausend unvorhergesehenen Ausgaben, denen die Gemeine nicht gewachsen war; indes täglich neue Kranke unsere Leiden vergrößerten; beriefen wir eine allgemeine Versammlung, um den Zustand, darin sich die Stadt befand, in das Klare zu setzen und um einen letzten Entschluß zu fassen.

Man verläßt sich in einer so grausamen Lage gern auf die Bürgermeister, denen gewiß niemand ihre Stelle beneidet. Man lobt ihren Eifer und ihren guten Willen; allein man gibt ihnen keinen Beistand, nicht einmal Ratschläge. Das Resultat dieser Versammlung war, einen Beschluß nachzuahmen, der während der vorigen Pest war genommen worden:

„In Gefolge desselben bekamen die Verwalter der öffentlichen Angelegenheiten uneingeschränkte Gewalt, eine Sperrung oder allgemeine Quarantäne zu verhängen, mit dem Vermögen der Gemeine zu schalten und zu walten, wie sie es gut finden würden, ohne gehalten zu sein, ihre Ausgaben zu rechtfertigen, wegen welcher man sich, bei Ablage der Rechnung, auf ihre Angaben verlassen wollte, ohne daß sie verpflichtet sein sollten, andere Versammlungen zu veranstalten, zu welchem Zweck es auch sein möchte, wobei man ihnen verspräche, alles zu billigen, was sie während der Pest unternommen haben würden."

Nachdem dieser Beschluß unterzeichnet war, ging ein jeder nach Hause, zufrieden nun nicht mehr aufs Rathaus kommen zu dürfen, so lange Gefahr da wäre.

Diese Akte wurde eigentlich nur darum also ausgefertigt, weil man das Formular dazu vor sich liegen hatte. Den Bürgermeistern, welche sich, zum Dienst ihres Vaterlandes, den größten

Gefahren aussetzten, fiel es nicht ein, daß sie einst mit dieser Akte gegen die Undankbarkeit einiger Bürger und gegen schändliche Behandlungen, wovon man kaum im Altertum Beispiele findet, sich würden waffnen müssen. Dies kann solchen Obrigkeiten zur Lehre dienen, die das Unglück erleben, in bedrängten Zeiten von der Art ihr Amt zu führen; denn da sie erwarten können, daß, nachdem während der Not, sozusagen, selbst ihren übereilten Schritten Weihrauch gestreut worden, man nach überstandenem Sturm kaum ihren edelsten Handlungen dies Opfer bringen wird; so ist es wichtig für sie selber, wenn sie ihr Leben retten, und für ihre Familien, wenn sie umkommen, sich mit schriftlichen und, wenn es möglich ist, noch ausgedehnteren Vollmachten zu versehen. Erröteten doch die neuen obrigkeitlichen Personen in Toulon nicht, sobald die Pest vorüber war, eine allgemeine Versammlung der Bürger zu berufen, in welcher sie den Vorschlag taten, zehn Kommissarien zu wählen, denen aufgetragen werden sollte, zu untersuchen, ob die Vollmacht, welche man ihren Vorgängern erteilt hatte, (die freilich, mich ausgenommen, sämtlich gestorben waren) hinreichend gewesen wäre, ihnen die Ablegung der Rechnung über ihre Verwaltung zu erlassen. Es schien wohl, als hätten sie in den Zufluchtsörtern, wohin sie geflohen waren, keine deutlichen Begriffe von den Geschäften bekommen, welche bei der Pest vorfallen. Es erhellt jedoch aus dem Protokoll vom 22. April 1723, daß dieser verächtliche Vorschlag einstimmig verworfen wurde und daß jene neuen Bürgermeister keine andere Frucht davon einernteten, als die Beschämung, ihn gemacht zu haben.

Nachdem wir bei niemand mehr, als bei uns selber Rat zu suchen hatten; schien uns die Bürgerwache überflüssig und gefährlich. Will man eine solche Wache errichten; so muß es sehr früh geschehen, und ihre Abschaffung geschieht immer zu spät. Man glaubte in vielen Provinzen sie sei nützlich und notwendig; allein ich meine, wenn man weit von der Stadt ist, wo die Pest wütet; so ist dies eine überflüssige Vorsicht, da sie hingegen unentbehrlich wird, wenn der Weg bis zu dem verpesteten Orte nur wenige Meilen beträgt. Man verläßt sich übrigens lieber auf die Aufsicht der Bürger überhaupt, als auf eine eigentliche Wache, die teils bestechbar, teils nicht aufmerksam genug zu sein pflegt. Die ersteren sind wachsamer über eine Stadt, die noch gesund ist; ihre Dienste aber werden überflüssig, sobald die Ansteckung da ist, weil dann niemand mehr es wagt, sich ihr zu nähern und unsere Nachbarn sich selber waffnen, um ihre Einwohner zurückzuhalten. Indessen ziemt sich's doch nicht, daß die Tore jedem Landläufer offenstehen; es ist daher der Klugheit gemäß, eine stehende Miliz in Sold zu nehmen und ihr einen Anführer zu geben, auf den man sich verlassen könne.

Diese Wache wurde einem Detachement des Regiments von Brie anvertraut, welches einen Teil der Garnison ausmachte und nicht mehr abgelöst wurde. Die Soldaten, welche bei den Einwohnern einquartiert waren, wurden in das Kloster der Minoriten und in das Ballhaus verlegt. Wir hatten ein zweites Bataillon, welches aus Überläufern bestand und von Monsieur de la Motte in Italien war errichtet worden. Der Kriegsminister, Monsieur le Blanc, erlaubte, daß wir uns desselben in den dringendsten Fällen bedienen durften. Diese Soldaten, gewöhnt an freiwillig übernommene Gefahren, entzogen sich keiner Arbeit. Nie hat ein zusammengerafftes Volk nützlichere Dienste geleistet. Toulon sah dies Korps errichten und sah es auch durch die Pest einschmelzen.

22. Kapitel.

Ob man durch Feuer die Luft in einer verpesteten Stadt reinigen könne? Welchen Erfolg der Versuch hatte, den man damit in Toulon machte.

WAS ergreift man nicht, wenn der Schiffbruch nahe ist? Im Anfang der Pest versäumt man alles, was unsere Sicherheit aufs beste gründen könnte; und ist nun der Sturm da; dann bleibt nichts übrig, selbst bis zu kindischen Vorkehrungen, worauf man nicht seine Aufmerksamkeit richtete.

Einige Personen in Toulon überredeten sich, ein großes Feuer könne die Luft reinigen und die Pest zerstreuen. Diese Meinung gründete sich darauf, daß ihre Voreltern aufgezeichnet hatten, man hätte während der vorigen Pest zu diesem Mittel seine Zuflucht genommen. Der Versuch erhellte wirklich aus der schriftlichen Nachricht; keineswegs aber der Erfolg. So unverständig es nun auch war, diesen zu erwarten; so konnten denn doch die Bürgermeister nicht umhin, dem Verlangen und Bitten einer ganzen Stadt nachzugeben, die durchaus ihr Heil auf diese Entdeckung zu gründen schien.

Es wurde also Befehl gegeben, von Nachmittags um 3 Uhr an, vor jedem Haus Materialien aufzuhäufen, die man in Brand stecken könnte, welches dann abends um 7 Uhr, wenn die Glocke der Hauptkirche geläutet werden würde, geschehen sollte. Nie ist eine Verordnung pünktlicher befolgt worden. Ein allgemeines Feuer deckte die Stadt während der Nacht mit einem so dicken Rauch, daß derselbe am folgenden Tage noch nicht einmal zerstreut war. Es war ein gänzlich unnützer Aufwand an Holz und Räucherwerk. Die Luft, welche man damals in Toulon einhauchte, war nicht schädlicher und nicht gesunder, als die, welche man in den nicht angesteckten Gegenden atmete, und die Pest machte dennoch dieselben Fortschritte. Dies hat vielleicht niemand aufgezeichnet; allein man muß das wissen, wenn etwa einmal jemand einen ähnlichen Versuch als ein Vorbauungsmittel empfehlen wollte.

23. Kapitel.

Was man unter einer allgemeinen Quarantäne verstehe, der man alle Einwohner einer Stadt unterwirft. Welchen Erfolg man sich davon versprechen dürfe. Verschiedene Bemerkungen, welche in den Stand setzen, über die Schädlichkeit oder Nützlichkeit derselben zu urteilen.

NACHDEM der Vorschlag zu einer allgemeinen Quarantäne einstimmig war gebilligt worden, weil man in dem Archiv die Nachricht fand, daß es während der vorigen Pest also sei verordnet worden; beschloß man, die Einwohner und die militärischen Korps dazu zu vermögen. Unter dem 18. Februar wurde der Befehl ausgefertigt, daß jedermann seine Wäsche vornehmen und solche Maßregeln treffen sollte, daß er, 40 Tage hindurch, vom 10. März an gerechnet, aller fremden Hilfe entbehren könnte, Fleisch und Brot ausgenommen. Die Gemeine aber übernahm die Sorge für den Unterhalt der Armen.

Der Entwurf zu dieser Quarantäne wurde gedruckt und angeschlagen. Er enthielt 31 Artikel, die ziemlich alles erschöpften, was man darüber gedacht hatte. Ich kann mich nicht enthalten, über die Ausführung dieses Plans verschiedene Bemerkungen zu machen, damit man genau wisse und vielleicht zum erstenmal höre, worin eine allgemeine Quarantäne bestehe, und damit man imstande sei, zu urteilen, ob in einem ähnlichen Fall, wie der, in welchem sich Toulon befand, es nützlich sei, oder nicht, sie zu verordnen.

Das Verbot, welches an diejenigen erging, welche nicht zum Dienst der Stadt gebraucht wurden, ihre Häuser zu verlassen, machte die Grundlage des Plans aus. Man teilte 135 Inseln[15], aus welchen Toulon besteht, in 45 größere, in ebenso viele von mittlerer Größe und in einer gleichen Anzahl kleinere, setzte in jeder derselben Lieferanten an, nach den Bedürfnissen einer bevölkerten und gesperrten Stadt. Die Anzahl derselben betrug anfangs 540, nachher aber 600.

Acht Kommissarien sorgten jeder für sein Quartier. Unter ihren Befehlen standen mehr oder weniger Syndici, nach Verhältnis des Umfangs jeder Insel. Kurz! die Anzahl der angestellten Personen belief sich auf 1.000.

Alle diese Männer kamen um. Hat man keine zweckmäßigen Vorkehrungen zu ihrer Erhaltung getroffen? Das soll genauer untersucht werden. Man mußte sie notwendig entweder in ihren Häusern lassen, wie es bei uns geschah, oder mehrere zu-

---

[15] A. d. Üb.: Dieser Ausdruck ist oben Kap. 8. erklärt worden.

sammen, oder endlich alle an einem Ort einquartieren. Getrennt voneinander starben sie; mehrere zusammen würden noch eher umgekommen sein; und wären sie alle beieinander gewesen; so hätten wir sie zu gleicher Zeit verloren.

Wählt man das erste Mittel; so können die getrennten Lieferanten und Syndici nur das Zimmer anstecken das sie bewohnen. Im zweiten Fall würden ebenso viele Hospitäler entstehen, als man abgesonderte Gesellschaften errichtet hätte. Schlüge man endlich den dritten Weg ein; so würde man die allgemeine Wohnung in ein großes Hospital verwandeln, das um so beschwerlicher werden würde, je zahlreicher es wäre. Noch müßte man voraussetzen, daß es leicht zu bewirken wäre, alle diese Personen, welche man haufenweise oder beisammen einquartieren wollte, aus dem Schoß ihrer Familien herauszunehmen. Hieraus folgt, daß, wenn man eine allgemeine Quarantäne verhängt, man alle die, deren Dienste man nicht entbehren kann, zu den ersten Schlachtopfern macht.

Einer allgemeinen Quarantäne muß die Zählung der Einwohner, die in vier Klassen einzuteilen sind, vorhergehen. In die erste Klasse begreife man die, welche auf das Land gehen wollen. In die zweite solche, welche in der Stadt bleiben und imstande sind, sich da zu ernähren. In die dritte diejenigen, welche, ohne eben in der äußersten Dürftigkeit zu sein, dennoch der Hilfe der Gemeine bedürfen. Endlich in die vierte alle, welche notwendig auf Kosten des gemeinen Wesens erhalten werden müssen.

Von 26.000 Menschen, welche man in Toulon zählte, mußten die Hälfte unterstützt werden, weil eine große Anzahl derer, welche Vermögen genug gehabt hätten, um auf dem Land zu leben, keinen Anstand nahmen, sich für dürftig auszugeben, um 40 Tage hindurch unentgeltlich ernährt zu werden. Dieser Reiz stürzte sie in den Abgrund, den sie vielleicht hätten vermeiden können. Hätte man, um den ungeheuren Kostenaufwand der Gemeine zu vermindern, zu genau nach dem Zustand jeder Familie forschen wollen; so würde man sich in ein Labyrinth von Schwierigkeiten verirrt haben, aus welchem man sich so leicht nicht hätte heraus finden können.

Es war also nötig, den Einwohnern, denen die Gefangenschaft eine grausame Strafe scheinen mußte, ihren Unterhalt zuzusichern. Man stelle sich die Wohnung der meisten Armen in einem elenden Winkel vor, oder oben unter dem Dach eines Hauses, wo sie, ihre Weiber und Kinder, gleichsam aufeinandergepackt sind. Sie bringen meistenteils nur die Nacht da zu, weil sie bei Tagesanbruch ausgehen, um ihr Brot zu verdienen. Die Krankheiten, in welche sie fallen können, beunruhigen sie nicht, weil das Hospital ihre Zuflucht ist. In diesen Wohnungen nun, welche oft, aus Mangel an Fenstern, gänzlich finster, immer aber sehr schmutzig sind, mußte man, 40 Tage lang, Menschen verkümmern lassen, die an Arbeit und Bewegung gewöhnt waren. Auch wurden fast alle krank und lange vor Ablauf der Quarantäne in die Hospitäler gebracht.

Die Ausgaben, zu welchen sich eine Gemeine versteht, würden gar keine Aufmerksamkeit verdienen, wenn ein wahrhaftes Gutes daraus erwüchse; allein ein zugrunderichtender und zugleich unnützer Aufwand muß vermieden werden. Gehen wir zu den übrigen Ungemächlichkeiten einer allgemeinen Quarantäne über!

Von der Reinlichkeit der Straßen.

MAN schmeichle sich nicht mit der Hoffnung, eine quarantänehaltende Stadt lange rein zu erhalten. Sie ist es bei weitem nicht genug zu allen anderen gewöhnlichen Zeiten; und doch hat man gehofft, es in Toulon dahin zu bringen, weil man die Schwierigkeiten nicht voraussah.

Die Gärtner, welche gewöhnt sind, ihre Gärten mit dem Straßenkot aus der Stadt zu düngen, wurden von den Gesetzen der Quarantäne befreit und man hatte darauf gerechnet, daß die Fortschaffung der Unreinigkeiten nicht unterbrochen werden würde. Allein, da die Gärtner sich verabredet hatten, den Eigentümern der Gärten keine Pacht zu bezahlen, in der Überzeugung, daß sie, in Betracht der öffentlichen Kalamität, ihrer Verbindlichkeit überhoben sein könnten, so schafften sie ihre Straßenfeger ab und ließen uns in einer Verlegenheit, woran wir auf gewisse Weise selbst Schuld waren; denn zu welchen Diensten hätten wir nicht eine so große Anzahl müßiger Menschen nützen können, welche vom gemeinen Wesen unentgeltlich ernährt wurden? Allein wir machten uns zu Sklaven unserer Versprechungen, ließen sie lieber eingekerkert umkommen und die Gassen fast unwegbar durch die Kothaufen werden, die täglich zunahmen. Dies war, in Ansehung der Reinlichkeit der Straßen, der erste Erfolg der Quarantäne.

Von der Brotlieferung.

WENN es möglich wäre, sich mit einem Vorrat von Zwiebäcken zu versehen, der beträchtlich genug wäre, um einer ganzen Stadt eine gewisse Zeit hindurch zur Nahrung zu dienen, wie man dies auf der See zum Unterhalt der Equipagen tut; so würde eine einzige, gleich anfangs vorgenommene Austeilung an jede Familie uns von der Unruhe befreien, in Brotmangel zu geraten. Allein das läßt sich nicht unternehmen; und wäre das auch möglich; wie sollte man es dann anfangen, dies früh und schnell genug auszuführen, wenn der Zeitpunkt der Pest uns zu dieser Vorkehrung zwingt? Man ist alsdann um so weniger dazu imstande, als man vielmehr genötigt wird, den Bäckern die Verfertigung der Zwiebäcke zu untersagen, weil alle reichen und zur Flucht entschlossenen Einwohner sich beeifern, dies Nahrungsmittel in Menge zu sammeln, welches sie, aus Furcht, nicht genug davon zu haben, mit Geld aufwiegen; woraus dann die Ungemächlichkeit erwächst, daß, wenn die Bäcker bei dem Brotverkauf viel weniger gewinnen, sie das Volk daran Mangel leiden lassen. Diese Unordnung habe ich erlebt; sie wird immer unvermeidlich sein, wenn nicht die, welche alle auf einmal sich solche Vorräte verschaffen wollen, den Weg wählen, die Zwiebäcke aus solchen Städten kommen zu lassen, deren Entfernung von dem Ort, wo die Pest herrscht, sie noch in einem ruhigen Zustand erhält. Warten sie hingegen das Äußerste ab; so müssen sie sich auch darauf gefaßt machen, daß die Bürgermeister, welche für den Unterhalt ihrer Einwohner sorgen, sich solchen Aufhäufungen, die schädliche Folgen haben können, immer widersetzen werden.

In den ersten Tagen der Quarantäne ging die Austeilung des Brots ziemlich ordentlich vonstatten, und das ist schon viel, daß man mehrere Tage hindurch, an 26.000 Personen, mit Ordnung habe Brot austeilen können. Jede Insel hatte ihren Bäcker, welcher gegen Scheine, die von den Syndici unterzeichnet und von den Kommissarien beglaubigt waren, den Austeilern so viel Brot verabfolgen ließ, als sie verlangten. Dieser Bäcker, dem mehr daran gelegen war, den Zettel, welcher ihm für die Bezahlung galt, wohl aufzubewahren, als vorsichtig in der Annahme zu sein, wurde es bald überdrüssig, immer solche Papiere zu empfangen, welche in Essig getränkt waren und oft in Fetzen auseinanderfielen. Er wurde also bald angesteckt, starb, und mit ihm gingen seine Rechnungen, sein Mehl und das Mehl der Gemeine, welches damit vermengt war, verloren. Es war nicht mehr möglich, von dem Ankauf und der Verwendung Rechenschaft zu geben. Der Backofen wurde also geschlossen und nicht ferner gebraucht. Wir hatten einen Bäcker weniger und man mußte einen anderen annehmen. Dieser verdoppelte seine Arbeit; das Zudrängen der Austeiler veranlaßte eine größere Gemeinschaft; jeder wollte zuerst bedient sein. Diese Zudringlichkeit beschleunigte ihr Verderben und, durch eine unvermeidliche Folge, auch das Krankwerden und Sterben der Bäcker, so, daß von 135, die zu Anfang der Quarantäne da waren, in weniger als einem Monat, nur noch 22 übrig blieben.

Man muß also diesen Gedanken fahren lassen; nicht auf solche Scheine muß das Brot in einer angesteckten Stadt verabfolgt werden. Das Papier nimmt gar zu leicht an, wenn es nicht mit Vorsicht genommen wird. Die Gewohnheit des Bäckers ist, um bares Geld zu kaufen und zu verkaufen. Bringt man ihn aus dieser Gewohnheit; so macht man ihn irre, setzt ihn und er uns in Verlegenheit; die Gemeine aber leidet einen Verlust, wie immer, wenn ein Mann stirbt, der in Abrechnung mit ihr steht.

Dies war der verzweifelte Zustand, in welchen wir uns gestürzt sahen. Allein um nichts zu vergessen, ist es gut, zu bemerken, daß der Brotmangel nie so viel Aufsehen macht, als wenn das gemeine Volk unentgeltlich damit versehen wird. Es schreit über Hunger, wenn es gleich Vorrat in Überfluß hat. Die Furcht vor Brotmangel tut bei ihm dieselbe Wirkung, als der wirkliche Mangel. Trug man Tote oder Kranke weg, die von der Gemeine waren unterhalten worden; so geschah es selten, daß man nicht wenigstens einen Sack voll Brot bei ihnen gefunden hätte. Dies beweist, daß dergleichen unentgeltliche Austeilung zur Pestzeit große Ungemächlichkeiten nach sich zieht. Wir glaubten, die treffendsten Maßregeln genommen zu haben; wir verfolgten einen Plan, den die Klugheit angegeben zu haben schien; allein wir kannten die Klippen nicht, an denen er scheiterte.

Von der Weinlieferung.

IN der Provence ist das Volk um so mehr daran gewöhnt, Wein zu trinken, da es kein anderes Getränk kennt. Man konnte die Armen in Toulon nicht auf Wasser und Brot setzen und sie noch dazu einsperren, ohne die Quarantäne ins Geschrei zu bringen. Man mußte daher einige Keller in Beschlag nehmen und gewissen Kommis auftragen, den Wein zu verkaufen und gegen Scheine von den Kommissarien, auszuteilen. Mit diesen Kommis kam man wiederum in Abrechnung; man mußte ihre Stellen oft durch andere ersetzen, wenn sie starben, und dann fand man bei ihnen weder Geld, noch Rechnung von ihrem Haushalt. Die Austeilung des Weins geschah anfangs täglich; und da merkten wir, daß man doppelt so viele Leute dazu hätte ansetzen müssen, wenn dies weitläufige Geschäft gehörig hätte sollen betrieben werden. Desfalls versuchten wir es, auf einmal einen Weinvorrat auf drei Tage herauszugeben. Die Ungemächlichkeit, welche aus dieser Austeilung erfolgte, wurde noch ärger. Die meisten berauschten sich am ersten Tage und mußten an den beiden folgenden Wasser trinken. Die Austeiler, welche noch leichter in Trunkenheit verfielen, fingen oft ihr Geschäft an, ohne imstande zu sein, es zu vollenden. Daher entstand neues Murren und Klagen von seiten des Volks, welches, als es sich des Weins und der Freiheit, sich ihn zu verschaffen, beraubt sah, laut den Urhebern seiner Gefangenschaft fluchte.

Von der Lieferung des Öls, des Salzes und der Gartengewächse.

WENN auch die Austeilung von Öl, Salz und Gartengewächsen zustande gebracht werden konnte; so war sie darum doch mit nicht weniger Ungemächlichkeiten verbunden. Obgleich man gewöhnlich, besonders in einer Seestadt, keinen Mangel an solchen Nahrungsmitteln leidet, die, nächst dem Brot, die hauptsächlichste Speise des Volks ausmachen; so muß man doch darauf rechnen, daß, wenn nichts anderes genossen wird, in weniger als Monatsfrist Magazine, die für ein Jahr hinreichen müßten, werden ausgeleert werden. Man kam in Toulon dahin, daß man nicht bis zu Ende der Quarantäne eine gleiche Austeilung fortsetzen konnte. Man erschöpfte bald die verschiedenen Magazine, welche die Gemeine sich zugeeignet hatte, so, daß der Arme von zwei Seiten leiden mußte, von der einen durch den schnellen Tod oder die Veruntreuung der Austeiler, von der anderen durch eine wirkliche gänzliche Entbehrung. Es ist jedoch wahr, daß der Tod der meisten dieser Austeiler für uns eine wahre Hilfsquelle wurde, indem wir ihre Häuser mit Vorräten versehen fanden, die sie auf Unkosten des gemeinen Wesens aufgehäuft hatten. Es waren ebenso viele kleine Magazine, die uns bequem lagen und deren wir uns mit Nutzen bedienten, um noch einige Tage hindurch eine Art von Lieferung unterhalten zu können, nachdem schon anderer Orten nichts mehr aufzutreiben war.

Von der Holzlieferung.

IN einer Stadt, die mit der Pest bedroht, oder wirklich heimgesucht ist, soll man ernstlich daran denken, einen Vorrat von Holz zu sammeln, der ansehnlich genug sei, sowohl für die Backöfen, als zu Heizung mehrerer Hospitäler. Wir kannten dies Bedürfnis nicht, oder glaubten ihm dadurch vorzubauen, daß wir unseren Einwohnern eine allgemeine Quarantäne auflegten. Man hatte ihnen angekündigt, daß sie mit Holz versehen werden sollten, als wenn es möglich wäre, diesen notwendigen Artikel, und der so schwer anzuschaffen ist, zu verteilen, um allen Familien einer Stadt Feuerung zu liefern. Diese Verbindlichkeit, welche wir übernommen hatten, ohne zu wissen, ob es in unserer Macht stünde sie zu erfüllen, trieb den Holzpreis auf das doppelte und dreifache hinauf. Jedermann wollte damit versehen sein, und so mußte dann jeder entbehren. Zu dieser Ungemächlichkeit kam noch eine andere hinzu, nämlich daß man das Holz, welches für jedes Haus bestimmt war, nicht dahin zu schaffen wußte. Die Lieferanten weigerten sich gleich in den ersten Tagen, dies zu besorgen, und da man nicht Karren genug hatte, um das Holz fortzubringen; setzte die Unterbrechung der Austeilung die Einwohner außer Stande, Gebrauch von den Gartengewächsen zu machen, die man ihnen gegeben hatte. Das waren also die Früchte der Quarantäne gleich anfangs; wir wollen ihr aber bis zu ihrer Aufhebung folgen, um uns von ihrer Unzweckmäßigkeit zu überzeugen.

Man schmeichelte sich, unendliche Vorteile von dieser Quarantäne zu ziehen; man beklagte sogar das Schicksal derer Bürger, welche, da sie auf das Land geflüchtet waren, nicht daran teilnehmen konnten. Da sich die Stadt von dem Augenblick an für gänzlich gesund hielt; brach sie allen Verkehr mit ihren abwesenden Einwohnern ab. Wirklich erforderte auch die Regelmäßigkeit der Quarantäne eine strenge Ausführung dieses Entschlusses. Indessen waren diese ohne Beistand und unfähig, sich dergleichen zu verschaffen, da die Gemeinen in ihrer Nachbarschaft größtenteils angesteckt waren; und so sahen sie sich dann gezwungen, an die Tore der Stadt zu kommen, um Fleisch und Brot zu fordern. Man konnte, ohne Unmenschlichkeit, ihnen diese Hilfe nicht abschlagen; da aber der Eintritt in die Stadt ihnen untersagt bleiben mußte; machte man Anstalt, auswärts einige Schlächter und Bäcker anzusetzen, die ihnen jedoch nur vorübergehende Dienste leisten konnten. Sie starben nämlich, und da ihre Stellen nicht wieder zu besetzen waren, die in der Stadt angestellten Austeiler aber indes auch ermüdeten, hier, wo für sie nur Arbeit und Elend war, ihre Dienste zu verrichten; kauften diese die verschiedenen Vorräte auf, wovon sie gewiß waren, sie an den Stadttoren wieder verkaufen zu können, und unterließen oder vernachlässigten wenigstens die Austeilung. Die Familien litten durch ihre Entfernung, oder durch ihre häufigen Abwesenheiten; und in dieser Verwirrung kamen die auf das Land geflüchteten Einwohner, obgleich man ihnen dort alle Hilfe zukommen ließ, haufenweise zu den Schlagbäumen, mischten sich unter das Gedränge und wurden da angesteckt. Dies Gedränge nahm täglich zu; alle die damit verknüpfte Gefahr aber würde weggefallen sein, wenn man niemand Zwang aufgelegt, sondern jedem erlaubt hätte, in die Stadt zu kommen, um sich mit Vorräten zu versehen.

Aus diesem allen schließe ich, daß eine gezwungene Quarantäne uns einer Menge Einwohner beraubt, die wir eingesperrt hatten, die uns unendlich nützlich werden könnten und die darum nicht weniger sterben. Es ist ein Todesurteil, das man gegen sie ausspricht. Die Austeiler vollführen den Todesstreich in ihren Häusern und in jeder Familie; keiner anderen Ursache konnte man in Toulon die greuliche Sterblichkeit zuschreiben, wovon man vielleicht nie ein ähnliches Beispiel gehabt hat, als weil die Austeiler eine schädliche Gemeinschaft mit den gesunden Familien unterhielten, die oft eher die Pest, als Unterhalt aus ihren Händen empfingen. Eine Quarantäne ist wahrlich nur denen heilsam, welche sie sich selber aufzulegen wissen; und solchen Personen allein ist es gelungen, sich gesund zu erhalten. Kann man mit Recht behaupten, daß eine Stadt die Regeln der Quarantäne beobachte, oder beobachten könne, wenn eine Menge Personen notwendig gezwungen sind, miteinander Verkehr zu haben und wenn sich eine gänzliche Eingezogenheit unmöglich mit den Pflichten ihrer Ämter und den Bedürfnissen der Einwohner vereinigen läßt?

Es wird gewiß niemand einfallen, zu glauben, wir hätten in dieser Quarantäne, welche wir jedoch allgemein nennen, den Bischof, den sein Eifer aller Orten hinführte, oder den Kommandanten der Festung und die Stabsoffiziere, oder die Soldaten von der Wache in verschiedenen Quartieren, oder die Bürgermeister und übrigen Mitglieder des Stadtrats mit einschließen können; oder die Ärzte, Wundärzte und Apotheker, oder die Gesundheitsaufseher, die Polizeibedienten, die Hospitaldirektoren, die Beichtväter, die Kommissarien, Syndici, Quartiershauptleute, Stadtserganten, Trompeter, die sogenannten Raben, die Totengräber, die Kommis in allen Werkstätten, die Straßenfeger, die Schmiede, die Karren- und Wagenfuhrleute, welche den Transport des Mehls und des Getreides besorgten, die Bäcker, die Schlächter, endlich die unzähligen Austeiler, ohne von denen zu reden, welche die Dunkelheit der Nacht nützten, um das Gesetz zu übertreten, das ihnen auferlegt war.

Was konnte man sich von den Folgen einer solchen Quarantäne versprechen? Ich habe schon erwähnt, daß man sie in den Lazaretten nicht eher für geendigt hält, als bis unter der Schiffsequipage sich, 40 Tage hindurch, keine Toten und Kranken befunden haben. Diejenigen, welche zuerst darauf gefallen sind, man könne in einer Stadt sich nach den Quarantänen richten, welche man die Seeleute halten läßt, und die den Versuch damit gemacht haben, sind nicht darauf gefallen, uns Nachrichten von dem Erfolg dieser Unternehmung zu hinterlassen. Von zwei Fällen muß man jedoch einen annehmen: entweder haben sie mit der genausten Pünktlichkeit alles beobachtet, was in dergleichen Umständen geschehen muß, oder sie haben sich mit den ersten 40 Tagen begnügt. Im ersten Fall, der auch wirklich nur allein den Namen einer Quarantäne verdient, müssen sie ohne Zweifel die Unmöglichkeit eingesehen haben, dergleichen in einer Stadt auszuführen. Denn läßt sich's denken, daß man alle Einwohner einer Stadt, von welcher es ausgemacht gewesen, daß die Pest daselbst herrsche, so lange in ihren Häusern habe gefangenhalten können, bis 40 Tage hindurch keine Spur von der Seuche mehr zu bemerken gewesen? Hätte das stattfinden sollen; so würden wir unsere Einwohner in Toulon länger als zehn Monate haben einsperren müssen. Fanden aber, im Gegenteil, unsere Vorfahren, daß sie durch eine 40tägige Probe um nichts weiter kamen, daß ein Kranker den anderen ablöste und daß auf die Weise ihre Quarantäne gar kein Ende nehmen würde; so ist daraus leicht zu schließen, daß sie, so wie wir, einer unglücklichen und kostspieligen Unternehmung, für deren Ausführbarkeit niemand einstehen kann, werden überdrüssig geworden sein.

24. Kapitel.

Unentschlossenheit über die Wahl eines Pesthospitals. Schwierigkeit, dasselbe in einem Armenhaus anzulegen, aus welchem man die Armen fortschaffen mußte. Notwendigkeit, Ammen für die säugenden Kinder zu haben, deren Mütter gestorben sind. Bemerkungen über alle diese Gegenstände.

MAN wird aus dem, was ich über den Zustand von Toulon gesagt habe, leicht begreifen, daß ein einziges Haus, außer der Stadt, welches gleich anfangs nur zur Aufnahme der ersten Kranken auf eine gewisse Zeit bestimmt war, weil ihrer noch wenige waren, nicht hinreichen konnte, als die Seuche ärger wurde. Toulon hatte also im Februar 1721 kein Hospital in Bereitschaft, um dem Gedränge von Unglücksfällen die Stirn zu bieten, welche man doch gewiß erwarten mußte. Man hatte kaum eine andere Wahl, als entweder das gewöhnliche Krankenhaus, welches ich künftig das Heilig-Geist-Hospital nennen werde, oder das Armenhospital der Charité, welches auf dem Glacis der Festung liegt, dazu einzurichten. Die Schwierigkeit, sich für das eine oder das andere zu bestimmen, könnte in der Folge vielleicht einen ebenso schädlichen Aufschub veranlassen, als den ich erlebt habe, wenn ich hier nicht die Ursache davon angäbe.

Man muß bei dem ersten Argwohn der Pest, und noch ist es sehr bedenklich, so lange zu warten, sich entschließen, die Armen anderwärts unterzubringen, wenn vor der Stadt ein Haus von ihnen besetzt ist, das Raum genug enthält, um ein Hospital daraus zu machen. Es ist aber ein wichtiger und mit großen

Schwierigkeiten verbundener Gegenstand, alsdann für beinahe 500 Arme, denen es bis jetzt an nichts gemangelt hat, eine ebenso sichere Zuflucht zu finden, als die ist, welche man sie zu verlassen nötigt, besonders wenn es darauf angesehen ist, sie innerhalb einer Stadt zu beherbergen, deren Bevölkerung uns alsdann schon zu groß ist. Nur von der schnellsten Pünktlichkeit und der genauesten Ordnung, die man beobachten soll, ist die Erhaltung dieser Kolonie von Armen zu erwarten, und an ihrer Rettung hängt zugleich die Rettung der Stadt, welche sie aufnimmt. Erfordert irgendein Haus sorgsame Aufsicht und Bewachung; so ist dies der Fall bei dem, in welches man jene Arme einquartiert. Denn der erste Kranke unter ihnen macht das Haus zu dem ersten Hospital. Ich würde selbst so wenig darauf rechnen, daß dieser unglückliche Fall nicht einträte, daß ich sogar geneigt wäre, die Anzahl so vieler Armen an einem Ort zu vermindern, die, da sie doch alle Eingeborene der Stadt sind, vielleicht Väter oder Mütter hätten, die imstande wären, sie aufzunehmen, wenn man sie mit Almosen unterstützte und ihnen dadurch den Unterhalt ersetzte, den man ihnen entzogen hätte. Indes einer von denen, welche also zerstreut würden, stürbe, würde man ihrer gewiß viele verlieren, wenn die Pest sie vereinigt befiele.

Auf diesen Satz sei es mir erlaubt, einen anderen folgen zu lassen, der ihm im Grunde völlig entgegen ist, nämlich den: daß eine Stadt, die früh genug, ehe sie von sichtbarer Notwendigkeit gedrungen wird, Vorkehrungen zu treffen weiß, nichts besseres tun könne, insofern der Aufenthalt, den man für die Armen bestimmt hat, geräumig genug ist, als eine noch größere Anzahl derselben dahin zu schicken. Ungerechnet, daß man dadurch die Mittel erleichtert, ihrer Dürftigkeit aufzuhelfen; würde es auch eine große Wohltat für eine Stadt sein, sie von allen denen gesäubert zu haben, welche doch die ersten Schlachtopfer werden würden und eine große Erleichterung für die obrigkeitlichen Personen, welche außerdem beständig wachsam auf jene Menschen sein müßten.

Ist aber die Versetzung der Armen zu lange verschoben worden und kann sie also nicht anders als mit Gefahr geschehen; so muß man alsdann um so weniger dazu schreiten, weil, wenn man in diesem Falle das gewöhnliche Stadthospital für die Verpesteten bestimmt, das Armenhospital wenigstens unangesteckt bleiben kann. Diese Meinung behielt in Toulon die Oberhand, obgleich sie sehr bestritten wurde, und ich scheue mich nicht, zu gestehen, daß es auch die meinige war. Um den Entschluß zu rechtfertigen, den man nahm, die Verpesteten in das Heilig-Geist-Hospital zu verlegen, brauche ich weder den Erfolg anzuführen, den diese Einrichtung hatte, noch die Weigerung des Herrn Bischofs, die Armen aus der Charité fortschaffen zu lassen; selbst angenommen, daß man, ohne Widerspruch, die Wahl unter den beiden Hospitälern gehabt hätte, glaube ich noch, daß man gar nicht lange wanken durfte; einige Betrachtungen werden dies sehr anschaulich machen.

Die Pest scheint aus einer Stadt jede andere Krankheit zu verbannen und wäre das auch nicht der Fall; so ist es doch dann nicht mehr möglich, in einem Hospital die Art der Krankheiten zu unterscheiden. Das Heilig-Geist-Hospital, in welches man, neue Personen aufzunehmen, sich enthalten hatte, um diejenigen, deren Krankheit keinem Argwohn unterworfen war, nicht in Gefahr zu setzen und aufzuopfern, wurde von Tag zu Tag freier, ja! beinahe leer, so, daß, als die Stadt sich mit verpesteten Kranken überladen sah, die keinen Zufluchtsort mehr hatten, sie nicht lange zu ratschlagen brauchte, ob sie das Charité-Hospital wählen sollte, welches erst ganz neu hätte eingerichtet werden müssen, oder das Heilig-Geist-Hospital, das vollkommen imstande war, und wohin man, ohne Verwirrung, in 24 Stunden alle zerstreuten Kranken schaffen konnte.

So lange die Pest einige Meilen von uns entfernt ist, schmeicheln wir uns gern, beruhigen uns und glauben, es werde uns gelingen, uns davor zu verwahren. In diesem Zustand von Sicherheit wird man nie auf den Gedanken kommen, sich in die unermeßlichen Unkosten zu setzen, welche die Anlage, eines äußerst großen Hospitals erfordert – Ich sage eines äußerst großen, denn auch das größte Hospital ist noch immer zu klein. Den Entwurf dazu hat man in allen noch nicht angesteckten Städten gemacht; ausgeführt hat man ihn nirgends. Ist die Pest erst bis zu uns eingedrungen; dann wird eine solche Anlage notwendig. Allein es geht darum nicht weniger langsam damit; und in der Erwartung, daß das Hospital in den Stand komme, steckt der Kranke, den man noch nicht aus seinem Haus fortschaffen kann, seine Familie vollends an, Dies würde nicht geschehen sein, wenigstens nicht so schnell, wenn die ersten, welche einen Anfall von der Pest bekommen hätten, früher in das gewählte Hospital wären gebracht worden, welches man aber zu schonen scheint, als wolle man es zu einem wichtigeren Gebrauch aufbewahren. Da nicht daran zu zweifeln ist, daß man sich der gewöhnlichen Hospitäler zu bedienen wird gezwungen werden, die aber in keiner von den Städten der Provence, in welche die Pest eingedrungen ist, zugereicht haben; denke ich, man sollte ihnen zu Anfang der Seuche den Vorzug geben, weil wir alsdann unmöglich Zeit genug haben, ein anderes einzurichten, wovon die Unkosten, welche unsere Kräfte übersteigen, immer einen verderblichen Aufschub veranlassen.

Dieser Aufschub, soll jedoch nicht verlängert werden. Indes man das gewöhnliche Hospital in Besitz nimmt, muß man unter der Hand zu Einrichtung des großen Pesthauses Anstalt machen und die Schwierigkeit des überschwenglichen Aufwandes dadurch zu überwinden suchen, daß man sogleich die Betten, Bettücher, Decken und übrigen Gerätschaften derjenigen Kranken, auf deren schleunige Abholung die Familien dringen, dahin bringen ließe. Auf diese Weise reicht ein Hospital dem anderen die Hände und man kommt unmerklich dahin, sie durch die Beute von Lebenden und Toten in den Stand zu setzen und mit allem zu versehen.

Übrigens erwarte man nur nicht, daß die Hospitäler ein tröstlicher Zuflucht- oder ein Rettungsplatz für die ersten Kranken werden! Ich halte diejenigen, welche ihr Leben in dem Schoß ihrer Familien endigen und bis zu ihrer letzten Stunde Beistand erhalten können, für weit weniger unglücklich. Unter ihnen wird noch mancher gerettet, da ich hingegen behaupte, daß nicht einer von denen, welche durch die Hospitäler gehen, und die erste unselige Probe von der äußersten Hilflosigkeit erfahren, mit dem Leben davonkommen könne. Es ist wichtig, diese beiden Fälle wohl zu überlegen. Der Entschluß, eine Stadt von allen kranken Einwohnern zu reinigen, ist vernünftig und löblich; sie in die Hospitäler bringen, heißt nicht viel weniger, als ihnen das Todesurteil sprechen.

Noch verschaffe man sich einen Zufluchtsort für die säugenden Kinder! Nichts ist rührender, als das Geschrei dieser unschuldigen Schlachtopfer zu hören, die, von der Brust ihrer toten oder sterbenden Mütter weggerissen, nun der Gegenstand eines fruchtlosen Mitleidens sind. Man findet um keinen Preis Ammen, welche Kinder tränken möchten, die schon ein tödliches Gift eingesogen haben. Es gab indessen doch in Toulon menschenliebende Frauen, die, ohne Eigennutz und ohne selbst Mütter zu sein, sich großmütig dem Geschäft widmeten, so viele Kinder, als ihnen überliefert wurden, mit Ziegenmilch aufzufüttern. Das hieß, nur um wenige Tage ein kaum angefangenes Leben verlängern; allein es war doch besser, als sie ohne alle Hilfe hinsterben zu lassen.

25. Kapitel.
Beschreibung der ersten Fortschritte der Pest.

DA täglich neue Anzeigen von der Pest, und zwar die unbezweifeltsten, bei uns sichtbar wurden und wir auf die Spur gekommen waren, von woher diese Seuche zu uns eingebrochen, gingen wir dieser Spur nach und wurden bald gewahr, von wie vielen Seiten her unser Unglück neuen Zuwachs bekam. Was anfangs nur eine kleine Quelle geschienen, die wir auszutrocknen gehofft hatten, war jetzt ein angeschwollener, wütender Strom geworden, den kein Damm aufhalten konnte.

So war es mit der Wirkung der Pest in der Provence beschaffen. Es war eine Brunst, die nichts löschen konnte; man mußte aller Orten dies erste Feuer aushalten, während welchem an keine Ordnung zu denken ist. Diese herrscht dann nirgends; alles leidet zugleich durch die allgemeine Mutlosigkeit. Wen das Übel nicht schon getroffen hat, der glaubt sich doch jeden Augenblick davon bedroht. Alles vereinigt sich, unser Elend aufs höchste zu bringen. Allein gerade wenn man unter der größten Last desselben niedergedrückt ist, kennt man noch so wenig seinen Umfang, daß man sich mit der Hoffnung täuscht, die Sterblichkeit vermindert zu sehen, welche jedoch immer gleich groß bleibt. Diese anscheinende Verminderung gibt uns wieder Mut, und vielleicht ist es eine Wohltat, diesen Irrtum zu hegen, der vor gänzlicher Verzweiflung bewahrt. Die Sterbelisten melden täglich weniger Schlachtopfer; das ist vollkommen richtig; allein wenn man den wahren Ursachen dieser Erscheinung nachspürt; sieht man ein, daß, da der Einwohner immer weniger werden, von dieser kleineren Anzahl nicht mehr so viele sterben können, als ehemals von der größeren. Da ich dieser grausamen Krankheit, von ihrer Entstehung an, in ihren Fortschritten bis an das Ende gefolgt bin; so muß ich hier bemerken, daß man nicht eher anfängt, in einer Stadt zu Atem zu kommen und zu wissen, wie man daran ist, als bis einige Einwohner von der Pest genesen, und diese dann imstande sind, denjenigen Kranken, welche die Pest später befallen hat, nach ihren Kräften, ihre Sorgfalt zu widmen. Seien es nun Beichtväter, Wundärzte, Krankenwärter, oder andere Personen, von denen man sich einigen Nutzen versprechen kann; so fängt schon mit einem einzigen solchen der neue Zeitraum an. Man hat nun einen Punkt, von welchem man zu zählen anfangen kann. Allein da man in Toulon noch sehr weit von diesem erwünschten Augenblick entfernt war, und man hingegen noch durch manche grausame Prüfung gehen mußte, bevor man das glückliche Ziel erreichte: so komme ich auf den Zustand zurück, in welchem sich Toulon befand, als man sich dort zu der allgemeinen Quarantäne vorbereitete.

26. Kapitel.

Notwendigkeit, sich einander bei der allgemeinen Mutlosigkeit beizustehen, um Geldanleihen zustande zu bringen.

ALLES, was von angesehenen Bürgern sich in Toulon befand, hatte weislich an seinen Rückzug gedacht, den man nicht aufzuschieben ratsam fand. Da der eine dem anderen seine Furcht mitteilte, wurde diese so ansteckend, daß jeder sich in Bereitschaft setzte, die Stadt zu verlassen, ohne hinter sich zu blicken, und ohne sich viel darum zu bekümmern, was aus so vielen Einwohnern werden würde, für die man nur Gräber zu bereiten hatte. Indem nun niemand helfen wollte, fanden wir selbst in der allgemeinen Trostlosigkeit eine Art von Beistand. Man mußte das traurige Hilfsmittel wählen, diese zu vermehren, um zu versuchen, was die Furcht, wenn man sie auf das Äußerste treiben könnte, über halb schon überwundene Menschen vermöchte. Man nahm den festen Entschluß, dies zu unternehmen, und um des Erfolgs gewisser zu sein und den Schrecken zu vermehren, wurde der Befehl gegeben, niemand, weder aus den Toren der Stadt, noch durch die Ketten des Hafens herauszulassen, den nicht eine besondere Erlaubnis der Bürgermeister dazu berechtigte. Die ersten, denen dies begegnete, erschienen auf dem Rathaus, um die Ursache dieses Verbots zu erfahren. „Und Sie fragen noch?" antwortete man ihnen: „Auf Ihren Eifer, meine Herren! hat man gerechnet. Auf Ihre Menschenliebe haben die Einwohner alle ihre Hoffnungen gestützt. Sie betrachten Sie als ihre Väter, welche für die allgemeinen Bedürfnisse sorgen werden. Ihnen kommt es zu, die Stelle der Bürgermeister zu ersetzen, wenn diese das Unglück haben sollten, umzukommen. Übrigens hat ja auch die Gemeine weder Kassierer, noch Kasse, noch Vermögen. Alle ihre Pachtungen sind aufgehoben; woher sollten, wir Hilfe nehmen, wenn wir nicht in einem so verzweifelten Zustand auf den Beutel und auf die Menschlichkeit unserer Mitbürger rechnen dürften? Sollte uns aber diese Hoffnung trügen; so wollen wir wenigstens zusammen sterben und uns die Scham ersparen, die Vaterstadt verlassen zu haben."

Dieser Vortrag, welcher mit einiger Festigkeit geschah, kündigte nichts Geringeres, als einen sehr nahen Tod an. Man durfte sich nicht mehr schmeicheln, ihm auszuweichen, einer teilte dem anderen seine Bestürzung mit, und nachdem diese sich allgemein in der Stadt verbreitet hatte, bot man uns von allen Seiten Hilfe an. Weil aber Toulon bei weitem keine reiche Stadt ist; war ein Anlehn von 40.000 Livres alles, was wir auf diese Weise zusammenbringen konnten. Zwar hatte man uns durch einen Beschluß vom 24. Oktober 1720 bevollmächtigt, das Anlehn bis auf 300.000 Livres zu erhöhen. (Solche Vollmachten versagt man den Bürgermeistern in den Zeiten der Kalamitäten nicht.) Allein wozu nützen sie, und zu wem soll man seine Zuflucht nehmen, in einer bedrängten Provinz, die, wie billig, mehr mit ihren eigenen Gefahren, als mit den unsrigen beschäftigt ist? Eine Stadt, in diesem Zustand, darf auf nichts rechnen, als auf das Mitleid des Königs.

27. Kapitel.
Wie nützlich zur Zeit der Pest die Galeerensklaven werden. Anweisungen, welche sie betreffen.

DER Schrecken, den man empfindet, wenn man sich einem Verpesteten nähert, und die unvermeidliche Gefahr, die mit der Fortbringung der Kranken und der Leichname verbunden ist, verursachen, daß man nur mit Mühe Leute findet, die beherzt genug sind, Dienste zu leisten, bei denen sie sich so bloßstellen; und findet man dergleichen; so schreckt bald ihr schleuniger Tod andere ab, an ihre Stelle zu treten. Weder Eifer für das allgemeine Wohl, noch Menschenliebe, noch Religion, verschaffen uns in der Pestzeit solche Subjekte; der Eigennutz allein kann sie bewegen, ein so gefährliches Geschäft zu übernehmen; und je größer die Gefahr, desto gerechter ist es, diejenigen reichlich zu bezahlen, welche sich ihr aussetzen wollen. Es sind Schlachtopfer, die sich freiwillig hingeben müssen; denn man ist sehr zu beklagen, wenn man sein Ansehen brauchen muß, um einen Einwohner dazu zu zwingen, der schon aus Furcht und Schrecken stirbt, ehe er einmal sich der Gefahr aussetzt.

Alles, was ich von Greueln bei dieser Veranlassung gesehen habe, hat mich überzeugt, daß man nur auf den Galeeren des Königs elende Menschen findet, die sich selber und ihrem Leben feind genug sind, um durch keine Gefahr zurückgeschreckt zu werden. Weil diesen die Fortschaffung und Begrabung der Leichname übertragen war; will ich sie mit dem Namen Raben bezeichnen, der ihnen im Jahre 1720 beigelegt wurde. Ich kann es bewahrheiten, daß jeder Sklave, der von den Galeeren genommen wurde, um dies schreckliche Amt zu verwalten, uns ein Befreier war, und daß ihrer Freilassung, die, wie billig, der Preis der Dienste war, welche sie leisteten, die Provence ihre Rettung verdankt. Alles wäre hier umgekommen, durch die Ansteckung, welche die Leichname verbreiteten; und wieviel mehr Einwohner noch würden nicht geflohen sein, da die Flucht allein sie retten konnte! Wohl den Städten, die bei einer solchen Trostlosigkeit auf diese Hilfe rechnen können! Allein in Ermanglung der Galeeren, die oft zu weit von einer Provinz, in welche die Pest gedrungen, entfernt liegen, würde ich glauben, man könne nicht früh genug die Kerker öffnen, um alle, zu ewigem Gefängnis, ja! warum nicht auch die zum Tode Verurteilten? herauszulassen. Das Leben eines Verbrechers ist sehr wichtig zu erhalten, wenn er es noch dem Dienst der Verpesteten aufopfern kann.

Man darf übrigens nicht darauf rechnen, daß die Raben bei ihren Verrichtungen alt werden; vergebens würde man sich bestreben, über ihre Erhaltung zu wachen. Das ist auch ihre geringste Sorge; das Leben ist ihnen gleichgültig; sind ihre Ketten erst gelöst; so freuen sie sich des neuen Zustandes, sich genährt, gekleidet, beherbergt zu sehen, wie sie es nie in ihrem Leben gewesen waren. Bald erlangen sie eine Geschicklichkeit, sich Erbschaften zuzueignen; und dann gehen sie bei keinem solchen Fall leer aus; bekämen sie auch nichts mehr, als was ihnen freiwillig in den Häusern gegeben wird, aus welchen sie Kranke oder Tote fortbringen; so würden sie doch täglich genug sammeln, um Wünsche zu nähren, die von den unsrigen sehr verschieden sind. Die ihrigen sind weit entfernt, nach Verminderung der Sterblichkeit zu zielen, indes wir sie gänzlich gehemmt sehen möchten.

Übrigens glaube ich nicht, daß es ratsam sei, den Raben zu verbieten, Kleider und Hausrat in der Wohnung, die man ihnen bestimmt hat, zu sammeln, insofern man nur weiß, wo das Magazin ist, welches täglich einen neuen Herrn bekommt, ohne den Platz zu wechseln. Da ein Rabe den anderen beerbt; kann man in der Folge die Reinigung mit Sicherheit vornehmen. Wollte man die Raben zwingen, dasjenige zu verbrennen, was sie als ihr Eigentum ansehen; so würde ihre einzige Aufmerksamkeit dahin gerichtet sein, es zu verstecken, welches ein unfehlbares Mittel werden würde, Rückfälle zu veranlassen und die Pest in einer Stadt auf immer fortdauern zu machen. Es ist sehr wichtig zu wissen, wo die Beute ist, die sie gemacht haben. Man hat alles zu befürchten, wenn man es nicht erfährt.

28. Kapitel.
Von der Wahl und der Anzahl der Begräbnisplätze. Notwendigkeit, gleich bei der ersten Spur von Pest dafür zu sorgen und Gruben in Bereitschaft zu haben. Von der Art sie zu graben und zu füllen. Nutzen der Sklaven in allen äußersten Fällen.

DIE Bürgermeister derjenigen Städte in der Provence, welche die Pest entvölkert hat, verdienten nicht sowohl Tadel, als Mitleid, wenn sie nicht für Begräbnisplätze gesorgt hatten, sobald sich die Pest dort deutlich zeigte.

Aber diejenigen, welche in der Folge in einen ähnlichen Fall kommen könnten, müssen es sich, durch unser Unglück belehrt, zur Pflicht machen, ihren Mitbürgern eine mörderische Kalamität zum voraus anzukündigen, von welcher die größte Anzahl derselben bedroht werden wird. Freilich ist nichts trauriger, als zu sehen, wie sich die Väter des Volks im voraus und zu einer Zeit, wo noch alles in Sicherheit lebt, mit der Sorge für die Beerdigung derer, die umkommen werden, beschäftigen; und doch ist diese Sorgfalt so unumgänglich notwendig, daß man sie nicht vernachlässigen kann, ohne sich in entsetzliche Verlegenheiten zu stürzen, aus denen man sich nur mit großer Mühe rettet. Wie hätten wir diesen entgehen können? Wir überzeugten uns, daß, da die geringe Anzahl der Kranken uns anfangs wenige Todesfälle zuzog, nichts weniger eilig sei, als Gruben zu öffnen und viele Arbeiter dabei zu beschäftigen. Die Leichname waren bis jetzt noch alle voneinander abgesondert; aber da die Krankheit so zunahm, daß man sie aufhäufen mußte; verdoppelte und verdreifachte man die Arbeit; und da die meisten Arbeiter ihr eigenes Grab dabei gegraben hatten, vermehrte man dadurch die Sterblichkeit, statt daß man diese Leute erhalten haben würde, wenn man die Gruben hätte öffnen lassen, ehe die Gefahr schon da und die Begräbnisplätze angesteckt waren.

Denken wir uns den Zustand einer Stadt, wo man nicht mehr imstande ist, die Toten wegführen oder begraben zu lassen! Wir sahen allen Greueln dieses unglücklichen Zustandes entgegen; aber durch einen unerwarteten Glücksfall entgingen wir seinen Wirkungen. Am 23. Mai konnten wir nur 287 Leichname fortschaffen. Die Notwendigkeit zwang uns, verschiedene andere in den Häusern zu lassen und wir vermuteten am anderen Tage noch eine größere Anzahl Tote zu finden, ohne imstande zu sein einen einzigen aus dem Bett zu bringen, als wir auf einmal an demselben Tage, da wir weder Raben noch Gruben in Bereitschaft hatten, um 4 Uhr des Morgens von Marseille her eine Tartane[16] mit 100 Sklaven besetzt ankommen sahen, die auf Befehl des Hofs nach Toulon geschickt wurde. Nachdem man

---

[16] Tartanen waren bis zum Ende des 19. Jh. der am meisten verwendete Segelschifftyp im Mittelmeer.

sie gespeist hatte, stellte man 50 davon zur Arbeit auf den Begräbnisplätzen an, und die übrigen 50, um die Toten fortzuschaffen und die Karren zu führen. Alle versammelten sich wieder um Mittag auf der Tartane, nur mit dem Unterschied, daß die, welche von den Begräbnissen zurückkamen, noch nackt waren, wie sie Marseille verlassen hatten, da hingegen die, welchen man die Fortbringung der Toten aufgetragen, sich mit der Beute derselben bekleidet hatten. Da dies Neid unter ihnen erregte; blieb uns nichts übrig, als am folgenden Tage von denjenigen, welche zu den Begräbnissen gebraucht worden waren, die Toten wegbringen zu lassen. An diesem Tage also schon waren unsere 100 Verbrecher, die nun in bürgerlicher Kleidung erschienen, so ausgerüstet; daß unter ihnen kein anderer Streit mehr, als über den Wert der Kleider die sie genommen hatten, stattfand. Ich komme auf die Notwendigkeit zurück, auf allen Fall Gruben in Bereitschaft zu haben. Es ist, ich gestehe es, eine erschreckliche Vorkehrung, die aber heilsam werden kann, indem sie die Bürger zurückhaltender im Verkehr miteinander macht.

Da nichts so viel Schnelligkeit erfordert, als die Hinwegschaffung der Leichname; finden sich dabei weniger Beschwerden in Städten, die viele Ausgänge, als in solchen, die deren weniger haben. Die Karren, auf welche diese Leichname geladen sind, können nicht wohl in allen Quartieren einer Stadt herumrollen, ohne Ungemächlichkeiten zu verursachen. Da die geringste derselben die eiligste Arbeit unterbrechen kann; muß man sich vor jedem Tor der Stadt eines Begräbnisplatzes versichern; denn die Sterblichkeit überfällt uns in solchem Grade, daß dieser Begräbnisort noch immer zu weit entfernt ist. Sah man sich doch in Marseille sogar gezwungen, die öffentlichen Plätze aufzugraben, ja! die Kellergewölbe in den Kirchen zu öffnen, um nicht länger die Leichname aufgehäuft auf den Straßen liegen zu sehen, weil man sie, aus Mangel an zubereiteten Gruben, sonst nirgends hatte beerdigen können! Eine fürchterliche Ansteckung schreckte die Verbrecher nicht zurück, welche diese Fortschaffung übernahmen, obgleich die schon in Fäulung übergegangenen Glieder der Leichname sich von den Körpern trennten. Wo soll man Menschen finden, die unverzagt genug wären, einer Stadt in einer so erschrecklichen Lage beizustehen? Ich glaube, nirgends, als auf den Galeeren des Königs. Ein leicht umzugrabender Erdboden muß uns bei der Wahl eines Begräbnisplatzes bestimmen. Ich halte nichts davon, lange Laufgräben zu machen, weil, indem man darinnen die mit Leichnamen angefüllten Karren auslädt, viel Erde einsinkt und zwecklos leere Räume ausfüllt, deren man nur zu notwendig bedarf. In Toulon ließ man in einiger Entfernung voneinander Gruben öffnen, in der Ordnung, wie die Totengewölbe in den meisten Kirchen angelegt zu sein pflegen, und man hatte die Aufmerksamkeit, ihre Anzahl oder Größe nach Verhältnis der Fortschritte, welche die Pest machte, zu vermehren.

Noch muß ich erinnern, daß es ratsam sei, ungelöschten Kalk bei jedem Begräbnisplatz in Bereitschaft zu haben. Nur etwas davon über die Oberfläche jeder Grube gestreut, verhütet nicht allein die Ansteckung, sondern bewirkt auch, daß die Leichname schneller zusammensinken, so daß, wenn die Grube tief ist, noch andere Leichname hineingelegt werden können. Hat man keinen ungelöschten Kalk, so muß man außerordentlich aufmerksam darauf sein, daß die Gruben wohl gefüllt werden. Ich selbst habe Leichname, die vor mehreren Tagen beigescharrt waren, nur halb mit Erde bedeckt liegen gesehen. Es ist unumgänglich nötig, daß die Bürgermeister hierauf genau achten; oder wenn sie nicht alle Arbeit bestreiten können, müssen sie einen Aufseher über die Totengräber setzen, welcher dieselben nie aus den Augen verlieren darf.

29. Kapitel.

Wie nachteilig der Mangel an Krankenwärtern den ersten Kranken ist, welche man in die Hospitäler bringen läßt.

DIE Notwendigkeit, Krankenwärter zu haben, ist in der Pestzeit so groß, als die Mühe und die Schwierigkeit, sich dergleichen zu verschaffen. Sie müssen gefunden werden, es koste was es wolle, und nie kann man ihrer genug haben. Zu Anfang, wenn die Menschenliebe einige und der Eigennutz andere gegen die Gefahr verblendet, schmeichelt man sich, eine große Anzahl werde nicht notwendig sein. Allein kaum sind sie angestellt; so werden sie verpestet, und dann sind sie so viele neue Kranke mehr, worauf man nicht gerechnet hatte. Die einen und die anderen hatten in Toulon, wie an mehreren Orten, sonst keine Erleichterung, als vom Tode selber, zu erwarten. Da hier nebeneinander in den Betten, bald ein Kranker, bald ein schon Gestorbener lag, hatten sie keine Zeugen mehr bei ihren Seufzern, als die sogenannten Raben. Wir erlebten diesen trostlosen Zustand, gegen welchen wir kein Mittel würden haben einschlagen können, wenn nicht ein guter Kapuziner angefangen hätte, in den Gassen mit so großer Salbung und Kraft zu predigen, daß er viele Personen von allerlei Alter, Geschlecht und Stand bewog, sich mit Freude in den Hospitälern aufzuopfern, um die Verpesteten zu bedienen. Wir sahen sogar Moskoviten[17] von der *Garde de la Marine* diesem heiligen Mönch folgen und in seinen Armen als wahre Katholiken sterben. Man ist sehr zu beklagen, wenn man zu einem solchen Hilfsmittel seine Zuflucht nehmen muß, wenn sich kein anderes findet, um Krankenwärter zu erhalten.

---

[17] Anmerk. d. Hrsg.: Alte Bezeichnung für Russen.

30. Kapitel.
Von den Beichtvätern.

AN geistlichen Hilfsleistungen pflegt es in einer von der Pest heimgesuchten Stadt am wenigsten zu fehlen. Die Mönche in Toulon versahen uns mit Beichtvätern; jeder Orden zeichnete sich durch Beispiele von Menschenliebe aus, die der Religion Ehre machen. Waren ihrer nicht genug, wurden einige von ihnen durch den Tod weggerafft; so wurden sie sogleich durch andere ersetzt, welche aus den benachbarten Provinzen kamen; allein die meisten unterlagen auch bei ihren Amtsverrichtungen. Ich wünschte, diese frommen Mönche, welche sich zum Heil der Seelen, mit so viel Eifer den Greueln der Pest aussetzen, möchten eine gewisse Vorsicht beobachten, die mit ihrer Pflicht nicht unvereinbar scheint. Mich dünkt, ein Priester könne sich enthalten, die Beichte jedes einzelnen Kranken anzuhören und sich begnügen, allen Kranken in einem Saale eine allgemeine Absolution zu erteilen, nachdem er an sie eine Vermahnung gehalten hätte, um sie zur Ergebung in den göttlichen Willen zu ermuntern, wie man dies in den Schiffen und bei den Armeen in dem Augenblick der Schlacht zu tun pflegt.

Ich überlasse es den Gottesgelehrten, zu entscheiden, ob das, was ich vorschlage, sich mit den Vorschriften der Kirche verträgt; allein das weiß ich, daß man in Fällen der äußersten Not sich's wohl erlauben kann von Vorschriften abzuweichen. Der Bischof von Toulon glaubte dies während der Pestzeit tun zu dürfen und keine Unregelmäßigkeit zu begehen, indem er an einem Tage jungen Geistlichen von 20 Jahren das Subdiakonat, das Diakonat und das Priestertum erteilte und sie gleich nach der Ordination zum Dienst der Hospitäler abschickte.

Ich füge endlich noch hinzu, daß die Obrigkeit sich bestreben müsse den Beichtvätern, Wundärzten und allen nützlichen Menschen, die aus der Entfernung zu unserer Hilfe herbeieilen, aus Religion, Pflicht und Menschenliebe einen Zufluchtsort zu verschaffen, an welchem sie der Gefahr nicht ausgesetzt seien. Denn wenn man nicht beizeiten für Wohnungen und Betten gesorgt hat, welche zuversichtlich unangesteckt sind; so kann es sehr leicht geschehen, daß, indem man eilig Zimmer mit zufällig genommenem Hausrat wählt, der erste, welcher sie bewohnt, schon an demselben Tage, an welchem er ankommt, um uns seine Dienste zu widmen, angesteckt wird.

31. Kapitel

Meinung der Ärzte von der Gefahr der Ansteckung. Nutzen, den die Wundärzte leisten. Notwendigkeit, ihren Mangel durch solche zu ersetzen, die man aus den Städten nimmt, in welchen die Pest aufgehört hat.

DIE Pest ist eine Krankheit, die man nicht ohne Gefahr behandeln, und nicht ohne Ekel in der Nähe sehen kann. Es ist nur zu wahr, daß sie uns oft ansteckt, ehe wir sie nur kennen, und ich habe wenige Ärzte gesehen, die nicht hiervon überzeugt gewesen wären. Vergebens könnte man mir entgegensetzen, daß die Ärzte von Montpellier, welche auf Befehl des Hofs nach Marseille gingen, behauptet haben: es sei ein Volksvorurteil, daß die Gemeinschaft mit Verpesteten ansteckend sein könne. Umsonst versuchten sie es, mit einer edlen und rühmlichen Standhaftigkeit, diese Überzeugung auszubreiten; sie dachten selbst nicht so und den Beweis davon finde ich in den ausgezeichneten Gnadenbezeugungen, wodurch der König ihre Dienste belohnte; Gnadenbezeugungen, die sie verdienten, welche man aber schwerlich würde mit solchen Diensten in Verhältnis bringen, die nicht gefährlich gewesen wären und ihnen nicht hätten schaden können. Ich habe von ihrer Weisheit und Erfahrung die Vermutung, daß sie diese neue Meinung in der Absicht gewagt haben, um das Volk zu bewegen, sich mit minderem Abscheu untereinander beizustehen; denn ich kann es nicht leugnen, daß Hilflosigkeit vielleicht so arg als die Pest selbst ist, und daß gewiß viel weniger Kranke sterben würden, wenn sie besser verpflegt wären; allein man muß auch einräumen, daß es sehr schwer sei, den Abscheu zu verbannen, wenn die Dienstleistungen den Tod zur Folge haben können. Und wie dürfte man auch in der Pestzeit auf solche Dienstleistungen rechnen, da wir täglich wahrnehmen, daß schon die Furcht, die Kinderblattern zu bekommen, hinreichend ist, alle Gemeinschaft mit einem Haus abzubrechen, in welchem diese sich gezeigt haben, und daß selbst Eltern, ungeachtet der Zärtlichkeit gegen ihre Kinder, sich enthalten, nicht nur sich ihnen zu nähern, um ihnen ihre Sorgfalt zu widmen, sondern sogar in ihren Zimmern zu erscheinen? Ist nun aber unter zwei Arten von Krankheiten, die so sehr voneinander unterschieden sind, die weniger ansteckende so fähig, uns abzuschrecken, was soll man dann nicht von der Pest erwarten, welche in so kurzer Zeit eine ganze Stadt entvölkert?

Ich behaupte also, und glaube, es behaupten zu können, daß die Wissenschaft der Ärzte, so ausgebreitet sie auch übrigens sein mag, wenig Kranken Vorteil gebracht habe, und daß, meiner Meinung nach, hingegen die Wundarzneikunst hier hauptsächlich nützlich sei. Der Wundarzt setzt sich ohne Furcht und Schonung der Gefahr aus, verblendet sich gegen das, was er wagt und sucht die Ursache des Übels in dem Übel selber. Da er anfangs wenig erfahren in Behandlung dieser Krankheit ist, glaubt er mit Klugheit zu Werke zu gehen, wenn er eine Beule, deren Eiterung ihm nahe bevorstehend scheint, bis zu einer vollkommenen Reife bringt. Er wird aber in seiner Erwartung getäuscht; die Beule tritt zurück, das Fieber verdoppelt sich, der Kranke stirbt; und nun urteilt er, der Kranke sei zu retten gewesen, wenn er, ohne von der Natur eine Anstrengung zu erwarten, die Beule geöffnet hätte, um die Drüse selbst auszurotten die darin angeschwollen war.[18]

---

[18] Diese Verfahrungsart halten doch andere für nachteilig und wollen die Beule lieber zur Eiterung bringen. *Samoilowitz Mem. sur la Peste, p. 141. Diemerbroeck L. III. c. 12. p. 245* – Es scheinen aber diese Schriftsteller nur von Einschnitten in die unreife Geschwulst zu reden, nicht von Ausrottung der Drüse selbst, darin der Ableger steckt, und welche eine reine Wunde nachlassen würde. Für diese Behandlung

Diese Verfahrungsart, die einzige, von welcher man sich einigen Erfolg versprechen kann, ist für den operierenden Wundarzt so gefährlich, daß man, in der Gewißheit, manchen solchen Mann dabei umkommen zu sehen, keinen einzigen abweisen muß, und nicht zu schwierig in Ansehung ihrer Fähigkeiten sein darf. Derjenige, auf welchen wir in ruhigen Zeiten am wenigsten unser Augenmerk richten würden, ist unendlich mehr wert, als der Geschickteste, wenn man diesen zum Dienst zwingen muß. Ist ein Mann vorzüglich geschickt; so schreckt ihn oft der Wohlstand, darin er sich befindet, ab; die anderen hingegen werden durch ihre Dürftigkeit angetrieben; sie wollen sich hervortun und trotzen jeder Gefahr. Kurz! die Pestzeit ist eine Zeit der Not; alles ist da gut; alles muß man annehmen, wenn man nur Hilfe findet. Man nimmt in Kriegszeiten jeden Rekruten an, der sich meldet, wenn nur die eingeschmolzenen Kompanien wieder vollzählig werden. Laßt uns ebenso in Ansehung der jungen Wundärzte verfahren! Es ist ratsam, ihnen die Meisterschaft zu versprechen und auch zu erteilen, wenn sie sich dem Dienst der Verpesteten widmen. Die Hoffnung zu einer Versorgung ist der beste Sporn, den man brauchen kann, um sie zu ermuntern, ihr Möglichstes zu tun.

Die Stadt, welche zuerst von der Pest heimgesucht wird, ist immer mehr zu bedauern, als die, wohin sie nachher kommt, weil gewöhnlich die Wundärzte die ersten Schlachtopfer werden und durch ihren Tod dann die Kranken gänzlich verlassen sind. Die Städte hingegen, welche in der Folge angegriffen werden, genießen den Vorteil, Männer aus den Örtern kommen lassen zu können, wo die Pest schon aufgehört hat. Da erhalten wir dann erfahrene Wundärzte, die sich freiwillig anbieten, und

---

wird unten K. 40. die glückliche Erfahrung angeführt, und auch das was Orraeus S. 105. erwähnt scheint dafür zu sprechen. Nur wird dieser Handgriff der Ausrottung, ehe umher eine Eiterung entstanden ist, allerdings schmerzhaft und mit Schwierigkeit verbunden sein, daher ich auch nicht finde, daß er von neueren Schriftstellern empfohlen, sondern vielmehr die Eiterung zu befördern geraten worden.

deren Dienste um so mehr Bestand haben, je weniger für sie ein Rückfall zu befürchten ist; denn das ist ausgemacht, daß ein Mann, welcher die Pest gehabt hat, und dessen Beule zum Ausfluß gekommen ist, nicht zum zweitenmal angesteckt wird.

32. Kapitel.
Ob es Vorkehrungsmittel gebe, welche vor der Pest sichern?

WIR sind durch Überlieferung aus älteren Zeiten mit dem Gebrauch der Kleider von Wachstuch bekanntgeworden, deren sich gewöhnlich die Wundärzte, welche sich dem Dienst der Verpesteten widmen, bedienen. Allein über diesen Punkt, wie über alle, welche die Pest betreffen, ist die Überlieferung so lakonisch, daß sie uns nicht sagt, worauf dieser Gebrauch gegründet sei. Vermutlich stützt er sich auf die Meinung, welche man allgemein hegt, daß Wachs nicht von der Pest angesteckt werden könne; allein Wundärzte, welche ihr Amt versehen, oder Krankenwärter, welche den Leidenden Arznei und Nahrung reichen, sind immer in Gefahr, auf welche Weise sie sich auch kleiden mögen. Ich habe, ungeachtet dieses Vorbauungsmittels, unsere ersten Wundärzte und mit ihnen die Krankenwärter und Beichtväter sterben gesehen, und ich kann sagen, daß man bald die Unnützlichkeit dieses Mittels einsieht. Übrigens muß man jedem die Freiheit lassen, sich desselben zu bedienen, weil die Zuversicht viel gegen die Gefahr vermag.

Man versichert, die Ärzte aus Montpellier hätten in Marseille kein anderes Verwahrungsmittel gebraucht, als daß sie ihre Besuche nüchtern gemacht und den übrigen Teil des Tages hindurch sehr mäßig gelebt hätten. Ist dem also; haben sie die Enthaltsamkeit als ein Verwahrungsmittel betrachtet; wohl! wenn sie ihnen dienlich gewesen ist; allein es ist keinem Zweifel unterworfen, daß dies Mittel manchen Kranken Nachteil brachte, die durch schleunige und tätige Hilfe vielleicht hätten gerettet werden können, wenn jenes nicht bekannt gewesen wäre; und wie würden denn unsere Hospitäler sein bedient worden, wenn die Wundärzte und Krankenwärter sich darauf eingeschränkt hätten, eine solche Diät zu beobachten?

Sind die Ärzte aus Montpellier nicht in Marseille angesteckt worden, indes die Wundärzte, die, nach ihrem Beispiel, äußerst mäßig leben wollten, umkamen; so weiß ich davon keinen anderen Grund anzugeben, als daß diese mehr Kranke bedienten und sie mehr in der Nähe sahen, als die Ärzte. Die Wundärzte aber, welche im Dienst der Hospitäler von der Ansteckung freigeblieben sind, haben das, meiner Meinung nach, mehr einer gewissen Disposition in ihrem Blut, als ihrer guten Konstitution zu verdanken. Haben wir nicht Raben gesehen, von denen man wohl nicht vermuten wird, daß sie gefastet, noch daß sie sich irgendeines Verwahrungsmittels bedient hätten, und die dennoch nicht von der Pest sind angesteckt worden? Haben dergleichen Beispiele, die ziemlich gemein sind, vielleicht noch einen anderen Grund; so ist uns dieser wenigstens noch unbekannt. Außerdem hatten die Beichtväter sämtlich die Gewohnheit und mit ihnen die Krankenwärter und andere, zur Bedienung der Verpesteten angestellte Personen, ihre Taschentücher mit Essig oder irgendeinem abgezogenen Wasser zu befeuchten, und sich damit die Nase zu verstopfen, um keinen bösen Dunst einzuatmen. Ein Mönch, der aus Aix nach Toulon kam, um als Beichtvater der Kranken zu dienen, überzeugte uns ohne Mühe, daß diese Vorkehrung schädlich wäre, indem sie das Atemholen erschwerte, und daß, wenn es nun die Notwendigkeit erforderte, einmal den Atem freizulassen, man dann in weit größerer Gefahr sei, aus der Entfernung her eine ansteckende Luft einzusaugen, weil man alsdann um desto stärker zöge. Dieser Grund ist so begreiflich, daß ich jenes Mittel vielmehr für schädlich halte, als daß es sollte zur Bewahrung dienen. Sollte man denn aber gar keines angeben können? Ich will sagen, was ich darüber denke, indem ich mich auf meine eigene Erfahrung stütze.

Ich rate denen, welche mit den Verpesteten umgehen, sich eine Fontanelle[19] legen und diese die ganze Pestzeit hindurch offenzulassen. Ich bekam zu Anfang der Pest in Toulon ein Geschwür in der Nase, das ich nicht Zeit hatte, heilen zu lassen. Da dies Geschwür eine geringe aber fortdauernde Eiterung unterhielt; so habe ich immer geglaubt, ich hätte meine Rettung vielleicht diesem Übel zu danken, das erst mit der Pest aufhörte. Ich komme auf den Zustand zurück, in welchem Toulon zu Anfang der Quarantäne war.

33. Kapitel.

Die gewöhnlichen Kranken werden aus dem Heilig-Geist-Hospital in das Dominikanerkloster und dagegen die Pestkranken in das Heilig-Geist-Hospital gebracht. Verdächtige Familien in das Hospital St. Roch. Folgen dieser Einrichtungen. Bemerkungen über die Geistesabwesenheit der Kranken.

DAS Hospital St. Roch, welches außer der Stadt erbaut ist, war lange für die Pest zureichend gewesen, weil man nur wirkliche Kranke dahin brachte, ihre Familien aber nicht mit aus den Häusern nahm. Dies Hospital, welches anfangs zu nahe bei der Stadt zu sein schien, war uns bald zu weit entlegen, um die Kranken dahin tragen zu lassen, deren Anzahl sich täglich vermehrte.

Ein solcher Transport ist immer mühsam, wenn die Krankheit länger als einen Tag gedauert hat, und man möchte dann wünschen, daß jede Straße einer Stadt ein besonderes Hospital hätte. Man glaube also nicht, daß es vorteilhaft sei, für die Verpesteten einen entfernten Aufenthalt zu wählen; höchstens mag man die, welche zuerst befallen werden, weit fortbringen. Wenn man, bei dem Mangel an Kenntnis des Übels, alsdann diese Entfernung für nötig und ausführbar hält; so wird man doch

---

[19] Anmerk. d. Hrsg.: Dies ist ein sogenanntes Ableitungsgeschwür; ein künstliches Geschwürzur Ableitung schädlicher Säfte.

nachher durch die sichere Erfahrung eines Besseren belehrt. In der Tat konnte man bald nicht mehr der Fortbringung der Kranken bis zu dem Hospital St. Roch vorkommen, obgleich ihre Anzahl noch nicht groß war, welches uns dann nötigte, uns des Heilig-Geist-Hospitals zu bedienen.

Man hatte schon die sehr alten und gebrechlichen Leute in das Dominikanerkloster geschafft, wo man, ohne diese Mönche sehr aus ihrer Ordnung zu bringen, außer ihnen auch noch die Findlinge und alle diejenigen Personen einquartierte, welche zur Bedienung des Hospitals gehörten. Sodann schritt man ohne Verzug zur Reinigung des St. Roch-Hospitals, um denjenigen Familien dort eine Zuflucht zu bereiten, aus welchen man die Kranken ausgehoben hatte; denn man hatte sich einen Plan gemacht (wie man denn nie mehr Pläne macht, als zur Pestzeit) alle verdächtigen Familien aus ihren Häusern zu nehmen. Diese Einrichtung, deren Ausführung uns einen glücklichen Erfolg zu versprechen schien, zog uns in eine Verwirrung, die ich beschreiben muß, weil man vielleicht nie etwas davon erfahren würde, wenn ich hier nicht den Grund derselben angäbe.

Ich habe schon einen Wink davon gegeben, bei der Gelegenheit, als ich untersuchte, ob es ratsamer sei, den verdächtigen Familien die Freiheit zu lassen, in ihren Häusern, in der Stadt oder auf dem Land, Quarantäne zu halten, oder ob es mit weniger Gefahr verknüpft sei, ihnen eine Wohnung anzuweisen, um sich einer regelmäßigen Quarantäne zu unterwerfen. Ich habe meine Meinung darüber gesagt, die darauf gegründet war, daß, wenn man von zwei Hospitälern das eine mit so vielen Familien anfüllte, als in dem anderen Kranke wären, jenes, möchte es auch noch so groß sein, nie Raum genug haben würde, um den Zweck zu erfüllen, den man sich vorgesetzt hätte, und den Fall angenommen, daß es nicht an Raum fehlte, doch nicht daran zu zweifeln wäre, daß unter mehreren vereinigten Familien, die immer zu nahe beieinander leben, sich gewiß einige finden würden, die, aller Aufsicht ungeachtet, schon angesteckt genug wären, um es uns bereuen zu lassen, daß wir ihnen die anderen aufgeopfert hätten.

Dies waren die Folgen jener unglücklichen Einrichtung. Man hatte nur auf ein Hospital gerechnet, und bekam nun zugleich zwei. Das von St. Roch, wo die Not am dringendsten und welches, wegen der Entfernung, am beschwerlichsten mit allen Bedürfnissen zu versehen war, tat dem Heilig-Geist-Hospital Schaden. Kaum hatte man so viel zusammengebracht, als nötig war, eines in leidlichem Stande zu erhalten; so mußte man die Hilfe teilen, wodurch beide Hospitäler litten. Man hörte, weil die Umstände dazu zwangen, auf, die Familien aus ihren Häusern zu nehmen, und begnügte sich, wachsam über sie zu sein und ihnen Beistand zu leisten.

Es setzte uns in keine geringe Verlegenheit, daß wir zwei Hospitäler unterhalten mußten, ohne Zeit gehabt zu haben, die so nötigen Vorkehrungen dazu zu machen. Man war gezwungen, einen Unterschied unter denen Kranken zu machen, die sich bis zu dem entfernteren Hospital fortschleppen konnten und unter denen, die, schwächer an Kräften, in das Heilig-Geist-Hospital gebracht werden sollten. Aber dies war nur erst das Vorspiel; unsere Leiden hatten kaum angefangen; eine gezwungene Quarantäne vermehrte sie sehr und die beiden Hospitäler reichten nur deswegen hin, weil die Anzahl der Toten ungefähr so groß, wie die der Kranken war.

Ich muß hier bemerklich machen, daß ein einziger Kranker einen ganzen Saal im Hospital in Unordnung bringen kann, wenn man ihn nicht schleunig bindet, so bald der Anfall von Wut ihn ergreift. Diese Erscheinung war so häufig, daß, als es an Tuchbinden und Gurten fehlte, nachdem man alle Kramläden ausgeleert hatte, man endlich Stricke dazu gebrauchen mußte. Hieraus entstand die Ungemächlichkeit, daß, wenn ein Krankenwärter, der oft nichts mehr als ein Galeerensklave war, das Binden nach dem Grade der Raserei der Kranken einrichtete, viele von diesen, nachdem sie schon von der Pest geheilt waren, noch die Wunden behielten, welche ihnen die Stricke verursacht hatten.

34. Kapitel

Welchen Aufenthalt die Bürgermeister während der Pest für sich wählen können. Schicksal derer von Toulon.

MICH dünkt, ein Bürgermeister, der Familie hat, sollte diese auf das Land schicken, weil sonst er, der sich aller Orten hinbegeben muß, die Seinigen an allen Gefahren teilnehmen läßt, die von seinen Amtsverrichtungen unzertrennlich sind. So wäre dann, wenn mein Vorschlag genehmigt würde, diese Familie aus der Stadt geschafft; allein soll von der anderen Seite der nun einzeln lebende Bürgermeister, getrennt von dem, was ihm am teuersten ist, sich auf sein Gesinde verlassen, um sein Haus gesund zu erhalten? Tut er das, wieviel hat er dann nicht von ihrer Nachlässigkeit zu fürchten! Da sie immer von außen her dasjenige empfangen müssen, was zu den Lebensbedürfnissen gehört; so kann es geschehen, daß sie nicht Aufmerksamkeit genug anwenden, um gefährlichen Verkehr zu vermeiden, und daß der Bürgermeister, wenn er nach Hause kommt, da mehr Gefahr findet, als außer demselben. Ich meine also, ein Bürgermeister, welcher sich entschlösse, in seiner Wohnung zu bleiben, sollte sich einen verständigen Freund zugesellen, welcher ein Auge auf alles haben könnte. Dieser Freund soll, wenn er vernünftig ist, auch über sich selber wachen. Er muß das und kann das, ohne Abbruch der Freundschaft; denn warum sollten nicht zwei verständige Leute beieinander wohnen und leben können, ohne Gemeinschaft miteinander zu haben? In Ermanglung eines solchen Freundes aber, müssen notwendig die Bürgermeister ihren Aufenthalt miteinander im Rathaus nehmen, wie dies in Toulon geschah.

Man hatte eine Wache vor die Haupttür gestellt, um keinen Bedienten herauszulassen; die andere stand denen offen, welche den Bürgermeistern von dem, was vorging, Rechenschaft geben mußten; eine doppelte Barriere in der Mitte des großen Saals setzte uns in den Stand, zu hören und zu antworten, ohne in Gemeinschaft zu kommen. Diese Einrichtung schien so gut ausgedacht, daß der größte Teil der Munizipalbeamten dadurch verleitet wurde; sie glaubten, nirgends sicherer zu sein, als in dem Rathaus, wo, wie es natürlich war, zu denken, es an nichts fehlen würde. Sie entschlossen sich um so leichter hierzu, da sie sich überzeugten, die Pflichten ihres Amts riefen sie dorthin. So vereinigten sich nun 35 Personen in diesem Haus, ohne zu bedenken, oder vielmehr, ohne zu wissen, wie gefährlich eine so zahlreiche Gemeinschaft wäre, und daß man sich unmöglich versprechen könne, die Pest werde nicht in ein offenes Haus eindringen, wo so viele Personen, die vollkommene Freiheit hatten, hinauszugehen, wenn sie wollten, die Gesundheit nicht lange eingeschlossen halten konnten.

Dies heißt zum voraus anzeigen, daß die Pest entsetzliche Verwüstungen dort anstellte. Aber indes von drei Bürgermeistern, zwei in Toulon starben, hatten die in Arles und verschiedenen anderen Städten, obgleich sie abgesondert wohnten, kein minder schreckliches Schicksal.

35. Kapitel.
Schwierigkeit, Leinwand für die Hospitäler zu bekommen. All-
gemeine Verfügung, dergleichen zu sammeln. Unglückliche Fol-
gen davon.

WENN es in den gewöhnlichen Hospitälern oft an der den Kranken nötigen Leinwand fehlt; so ist leicht zu begreifen, daß ein, in Eile für die Verpesteten errichtetes Hospital, noch eher Mangel daran leiden müsse. Es wird darin eine so große Menge Leinwand verbraucht, daß keine Ausgabe der Gemeine beträchtlicher gewesen sein würde, als diese, wenn nicht die meisten Kranken von ihrer eigenen mitgebracht hätten. Man kann die Verpesteten nicht verbinden, wenn man nicht Leinwand in Menge hat; allein wo soll man die finden? Man mag immerhin vorstellen, wie groß das Bedürfnis sei; niemand meldet sich, der den guten Willen hätte, oder imstande wäre, damit auszuhelfen. Vergebens würde eine Gemeine darauf verfallen, neue Leinwand zu kaufen; das würde einen fürchterlichen Kostenaufwand erfordern, und je größer und bevölkerter eine Stadt ist, desto weniger kann sie in diesem Artikel aufbringen. Die gesunden Städte sollten liebreich denen, welche das Unglück haben, angesteckt zu sein, aushelfen. Bleibt diese Hilfe aus; so ist kein anderes Mittel übrig, als eine allgemeine Sammlung zu veranstalten. Man tat dies in Toulon mit einiger Feierlichkeit, um das Mitleiden zu erregen. Unter Trompetenschall geschah die Ankündigung; man hatte die Aufmerksamkeit, das Volk zu benachrichtigen, daß man nichts aus solchen Häusern annehmen würde, aus welchen seit einem bestimmten Tage Tote oder Kranke wären abgeholt worden. Die Bürgermeister zogen durch die Stadt, voraus die Trompeter, hintennach zwei Karren zum Einsammeln. Man erhielt mehr, als man sich versprochen hatte; und so oft ein Karren angefüllt war, leerte man ihn im Rathaus aus, wo eine Frau, auf welche man sich verlassen konnte, die Leinwand von verschiedener Güte aussonderte. Man glaubte nicht unüberlegt zu handeln, indem man im Rathaus das Gesammelte niederlegte, weil man die Vorsicht gebraucht hatte, nichts als nur aus gesunden Häusern anzunehmen. Überdem fürchtete man auch, anderer Orten möchte diese Niederlage nicht so sicher sein,

Eine ebenso unglückliche, als unerwartete Begebenheit, zeigte, daß man geirrt hatte. Jene Frau hatte ihre Arbeit noch nicht vollendet, als sie von der Pest ergriffen wurde. Man brachte sie in das Hospital, wohin ihre Tochter ihr folgen wollte; dort starben sie beide und ließen uns im Rathaus das tödliche Gift zurück, wovon sie angesteckt geworden waren.

Man schmeichelt sich immer mit Unrecht, daß ein erster Ausbruch der Pest keine unglücklichen Folgen haben werde. Da nun auch das Rathaus der Zufluchtsort für die Bürgermeister und für die anderen Munizipalbeamten geworden war; so durften sie, nach dieser Begebenheit, das Haus nicht mehr verlassen, ohne Gefahr zu laufen, ihre Familien anzustecken, die sich noch gesunderhalten hatten. In der Tat wurde, obgleich niemand die Gefahr für so ausgemacht hielt, das Rathaus dennoch die Gruft aller derer, die dahin geflüchtet waren. Ich allein wurde durch eine besondere Vorsehung verschont, vielleicht, damit ich imstande sein möchte, der Nachwelt das unglückliche Schicksal so vieler tugendhaften Bürger zu schildern, die ihre Bemühungen, und selbst ihr Leben, dem Dienst ihres Vaterlandes widmeten.

36. Kapitel.

Ungeachtet der auf den Grenzen gezogenen Linien dringt doch die Pest in andere Provinzen. Was die Ursache davon sein mochte. Wie man dies hindern könnte. Wie sehr Frankreich in Gefahr war. Was dies Reich bei ähnlichen Umständen zu fürchten hat.

DAS, was ich hier berichtet habe, könnte viel Stoff zum Nachdenken liefern. Ich begnüge mich damit, bemerklich zu machen, wie wichtig es ist, alle Gemeinschaft mit den Einwohnern einer von der Pest verwüsteten Stadt und sogar mit der ganzen Provinz, in welcher diese Stadt gelegen ist, aufzuheben. Welcher Gefahr war nicht ganz Frankreich dadurch ausgesetzt, daß man allen Flüchtlingen aus der Provence gestattet hatte, auf der Grenze Quarantäne zu halten! Ich kann es noch jetzt kaum begreifen, wie man es habe wagen mögen, in Zuversicht auf eine immer unvollkommene Quarantäne, so viele Menschen, mit Gefahr des an ihnen haftenden Samen der Pest, der früh oder spät, nach Verhältnis des Klima oder der Jahreszeit, aufkeimen konnte, aus einer Provinz in die andere ziehen und das ganze Königreich durchstreifen zu lassen. Denn, so viel Vorsicht man auch gebraucht hatte, um das Rathaus in Toulon vor der Pest zu bewahren; so wurde dies Übel doch durch Leinwand dort verbreitet, die in nicht verdächtig scheinenden Häusern war gesammelt worden, woraus ich schließe, daß die Pest zuweilen lange brütet ohne auszubrechen, und daß sie in einem Reisekoffer eingeschlossen sein kann. Diese Tatsache kann nicht bestritten werden, weil man sie so oft in dem

Innern eines Ballen mit Kaufmannsgütern antrifft, die schon vor einigen Monaten aus der Levante waren geholt worden.

Wie viele Koffer sind aber nicht aus der Provence in das Innere des Königreichs gekommen, und zwar unter dem Schutz eines Passes und der Zeugnisse einer an den Grenzen der Provinz gehaltenen Quarantäne! Nicht alle Ballen, die aus den Handelsstädten der Levante zu uns kommen, sind angesteckt; auch nicht alle Koffer sind es; aber es ist genug, daß ein einziger es sein könne, um sie alle ohne Ausnahme in Verdacht zu haben. Man kann sich also nicht auf eine Quarantäne verlassen, nach deren Vollendung es erlaubt ist, aus einer Provinz in die andere zu gehen, wenn man nicht diejenigen, welche sie halten, nötigt, sobald sie an dem Ort angekommen sind, wo sie ihre Quarantäne beginnen sollen, Kleider, Wäsche und überhaupt alles, zu wechseln. Um diese Vorkehrung sicherer zu machen, muß alles, was sie abgelegt haben, in Gegenwart der Gesundheitsaufseher verbrannt werden. Die, welchen man diese Gnade erweist, die man lieber niemand erzeigen sollte, müssen dafür sorgen, andere Kleider herbeizuschaffen. Man würde alsdann nicht mehr zu zweifeln brauchen, ob auch jedes ihrer Kleidungsstücke gereinigt wäre und die Person selbst würde ihre Quarantäne mit mehr Sicherheit halten können.

Ich glaube nicht, daß man der Gefahr der Ansteckung bei der Pest anders vorbeugen könne. Man vergesse also nie, daß Kleidungsstücke, die in Zuversicht auf eine vorgegebene Quarantäne in das Königreich waren eingeführt worden, Frankreich bis auf ein Haarbreit seinem Untergang nahegebracht haben. Wir haben gesehen, daß ungeachtet man die gezogenen Kordons mit der größten Genauigkeit bewachte, um die Gemeinschaft mit der Provence zu verhindern, die Pest dennoch in das Land Gevaudan, in Dauphine und in die Grafschaft Avignon eindrang. Man wundere sich nicht darüber, daß sie einen Weg über Flüsse und Ströme hin gefunden hat! Daran war allein, die Leichtigkeit Schuld, mit der man Pässe ausfertigte und Personen, welche man auf diese Weise begünstigt hatte, zu einer Quarantäne zuließ.

Ich wiederhole es, Frankreich war in der größten Gefahr; überhaupt kann die Pest nur entweder durch Personen, oder durch Kaufmannsgüter, oder durch Kleidungsstücke, von welcher Art sie auch sein mögen, aller Orten hingebracht werden. Durch eines von diesen Mitteln drang sie in die der Provence naheliegenden Landschaften; und wenn sie sich nicht sehr weit von da in entfernteren Gegenden ausbreitete; so kam das daher, daß zum Glück nichts von dem, was sie angesteckt hatte, durch Reisende in andere Provinzen übergeführt wurde. Sie mußte also in solchen Gegenden eingeschlossen bleiben, in welchen gleich anfangs die Flüchtlinge Rettung gesucht und angesteckte Kleidungsstücke mitgebracht hatten, die nicht sorgsam genug, oder vielleicht gar nicht waren gereinigt worden.

Um nun solchen grausamen Begebenheiten, als die sind, welche wir erlebt haben, vorzubauen, müssen die Kleidungsstücke der Quarantänehaltenden ohne Anstand verbrannt werden. Dies Gesetz, das ihnen zum voraus bekanntgemacht wird, kann ihnen selber heilsam sein; denn ich behaupte, daß man mehr von den Kleidern eines Mannes, der aus einem verpesteten Ort herkommt, als von seiner eigenen Person zu besorgen habe. Man fürchte also nicht die Vorsicht zu übertreiben, wenn es darauf ankommt, sich von einer Landplage zu befreien, die in wenigen Monaten das blühendste Königreich verwüsten könnte.

Was würde, zum Beispiel, aus einer so unermeßlichen Stadt, als Paris ist, werden, wenn die Pest da eindränge? Könnte man hoffen, ihren Fortschritten Einhalt zu tun? Woher sollte sie Beistand erhalten? Bald würde eine allgemeine Trostlosigkeit in den Städten, Flecken und Dörfern, welche ihr die Lebensbedürfnisse liefern, sichtbar; bald würden aus den öffentlichen Plätzen, den Gärten, ja selbst aus den Kirchen, Begräbnisplätze werden und nicht einmal dazu hinreichen. Bald würde das unzählbare Volk kein Brot mehr haben; ich kann wohl behaupten, daß es sogar an Wasser Mangel leiden würde. So viele tausend Pferde, für die man kein Futter mehr haben würde, würden fallen und Ansteckung und Sterblichkeit vermehren. Und in dieser Verwirrung, deren ganze Schrecknisse man nicht übersehen kann, was für Diebstähle, Ermordungen und Plünderungen würden da nicht vorgehen! Man behauptet, daß in verschiedenen Jahrhunderten die Pest auch diese Hauptstadt nicht verschont habe; gewiß aber hat man damals einer Krankheit den Namen der Pest gegeben, die es nicht war; denn hätte sie sich so gezeigt, wie wir sie in Toulon gesehen haben und wie sie kürzlich Algier und Konstantinopel betroffen hat; so würde uns diese Geschichte, nicht nur alle diese Greuel geschildert, sondern uns auch belehrt haben, auf welche Weise und in wieviel Zeit man es dahin gebracht hätte, diese große Stadt wieder zu bevölkern. Allein warum wollten wir zu der älteren Geschichte unsere Zuflucht nehmen? Ist das, was ich hier von Toulon berichte, nicht erschrecklich und zugleich unterrichtend genug für alle Städte in der Welt?

37. Kapitel.

Fortschritte der Pest während der Quarantäne. Zustand der Stadt, der Hospitäler und der Kranken am 20. Tage.

DIE Pest schien in das Rathaus eingedrungen zu sein, um uns anzukündigen, daß kein Widerstand sie länger zurückhalten könnte. Weder unsere Sorgfalt, aller Gemeinschaft auszuweichen, noch unsere Barrieren, konnten diejenigen vor ihren Streichen sichern, welche sie anfangs verschonen zu wollen schien. Sie fand Schlachtopfer in Wohnungen, die man für sie unzugänglich hielt, weil man so sichere Maßregeln genommen zu haben glaubte. Wir betrachteten die Vorteile der Quarantäne als die einzigen Waffen, die wir ihren Fortschritten entgegenstellen könnten. Wir trösteten uns, mitten in unseren Leiden, weil wir uns schmeichelten, der Befreiung nahe zu sein; und diese Hoffnung war darauf gestützt, daß, da wir nun dem Gang genauer nachspüren konnten, wir glaubten, ihr Grenzen setzen zu können. Aber neue Kranke, in Quartieren und in Häusern, die man noch nicht für verdächtig gehalten hatte, machten, daß unsere Hoffnungen verschwanden. Wir kannten noch bei weitem den Feind nicht, gegen den wir kämpften.

Ein Karren war uns im Anfang der Quarantäne zu Fortschaffung der Leichen hinlänglich gewesen; in den ersten Tagen des Märzmonats hatten wir deren zwei; vier waren uns nötig zu Anfang des Aprils, allein es fehlte uns an Menschen, um sie zu führen; sie starben im Dienst unserer beiden Hospitäler. Die meisten Kranken kamen auch schon deswegen um, weil wir sie nicht früh genug in die Hospitäler schaffen konnten, wohin sie oft ankamen, wenn kaum noch ein Lebenshauch in ihnen war.

Die Syndici, die Lieferanten, die Bäcker, die Schlächter und so viele andere nützliche Personen, die nacheinander angesteckt wurden, machten unseren Verlust täglich größer; vorzüglich fehlte es uns aber an Wundärzten.

Die Bürgermeister besitzen nicht das Geheimnis, dergleichen zu bilden; alles, was sie tun können und auch wirklich taten, bestand darin, daß sie sich aller Orten mit der äußersten Sorgfalt um Wundärzte bewarben und dies in allen öffentlichen Blättern der Provinz anzeigten; allein wie viele Unglückliche starben nicht indessen hilflos und gänzlich verlassen! Hätten wir aber auch Wundärzte gehabt; so würde der Mangel an Krankenwärtern uns ihre Sorgfalt und ihre Operationen unnütz gemacht haben. Es würde den Kranken dennoch sowohl an Fleischbrühe, als an manchen anderen Erleichterungen gefehlt haben, die ihnen niemand verschaffen konnte. So wie sich die Pest mehr verbreitete, wurden die Raben, welche in ihren Verrichtungen nicht alt wurden, immer seltener; die Leichen blieben länger liegen, die Ansteckung nahm zu und die Lebenden waren gewissermaßen mehr zu beklagen, als die Toten.

So war unser Zustand im Anfang des Aprils und dies wird in der Pestzeit immer der Fall bei den ersten Hospitälern sein. Die menschliche Vorsicht kann hierbei nichts tun; die Wundärzte, die Beichtväter, die Krankenwärter, die Raben, alle müssen unterliegen und dieselben Betten einnehmen, die ihnen um so furchtbarer scheinen, weil sie darin noch keinen Kranken gesehen haben, den der Tod verschont hätte. Und doch war es eine den Gesetzen einer strengen Quarantäne unterworfene Stadt, in welcher diese tragische Begebenheiten aufeinander folgten und täglich schrecklicher wurden.

38. Kapitel.

Die Pest dringt in das gewöhnliche Hospital ein und kommt auf das Schiff, auf welches man die Bettler hatte flüchten lassen. Errichtung eines Lagers, welches zu einem neuen Hospital dienen sollte. Bemerkungen über diese Einrichtung.

DA die Pest, zu Anfang des Aprils, sowohl auf dem Schiff, auf welches wir zu spät die Bettler hatten flüchten lassen, als auch in dem gewöhnlichen Krankenhospital, das in einem abgesonderten Quartier des Dominikanerklosters war errichtet worden, sich offenbart hatte; fielen uns nun zwei Hospitäler mehr zur Last. Obgleich darin die Anzahl der Kranken nicht so groß war, als in den beiden ersten; so erforderten sie doch, daß wir aufs neue unsere Hilfe teilten. Man schaffte aus dem Schiff diejenigen fort, die man für pestkrank erkannte. Man bediente sich eines königlichen Magazins, am Ufer des Meers, bekannt unter dem Namen Moureillon, um in der Eile ein Hospital daraus zu machen. Von 250 Armen waren 50 schon am 12. April angesteckt. An eben dem Tage überzählten wir genau unsere Kranken, um dem Kommandanten der Provinz Nachricht davon zu geben, den wir ohne Unterlaß um Beistand ansprachen. Da er außerstande war, uns dergleichen zu leisten; schien er nur beschäftigt, Verordnungen zu geben, deren Befolgung unmöglich war, die aber dahin abzielten, die Pest in gewissen Grenzen zu halten. Die Absicht war wichtig; allein die Mittel, welche er dazu vorschlug, waren nicht einmal unter seinen Augen wirksam; denn er selbst war gezwungen, täglich seinen Wohnort zu verändern und von einer Stadt in die andere zu ziehen, um sich gegen die Pest zu verwahren, die es darauf angelegt zu haben schien, ihn aller Orten zu verfolgen.

Wir hatten 117 Kranke im Dominikanerhospital, die man nicht mehr trennen und aussondern konnte, weil diejenigen, welche zuerst von der Pest befallen waren, nicht geklagt, oder es nicht gewagt hatten, zu klagen, um nicht aus einem Bett und einem Haus vertrieben zu werden, in welchem es bis jetzt noch an nichts gemangelt, wodurch dann die Pest Zeit bekommen hatte, sich von einem zum anderen mitzuteilen und sie alle in einen gleichverdächtigen und gefährlichen Zustand zu setzen. Wir hatten 503 Kranke im Heilig-Geist-Hospital und 207 in St. Roch. Da es ratsam war, aus diesen beiden Hospitälern die Genesenden, deren Anzahl indessen noch klein war, herauszunehmen; wies man ihnen das Lazarett an, aus welchem man ein für sie und für die Stadt sehr nützliches Hospital machte. Dies bestand zuerst aus 110 Personen, die man dahinbrachte und war dauerhaft mit allem geistlichen und weltlichen Beistand versehen, der den übrigen sämtlich gefehlt hatte. Die Genesenden hatten immer Beichtväter, Wundärzte und Krankenwärter; aus diesem Zufluchtsort zogen wir in der Folge die unschätzbaren Personen, die der Tod verschont hatte und die anfangs so selten sind.

Da die Kranken in der Stadt zahlreicher wurden, ging es beschwerlicher und langsamer mit ihrer Fortschaffung. Viele starben in ihren Häusern, und wir hatten in der Mitte des Aprils, sowohl in den Häusern, als in den Hospitälern, täglich über 200 Tote. Es fehlte uns an bequemen Fuhrwerken für die Kranken, an Karren zu Fortschaffung der Leichen, an Gruben zu ihrer Beerdigung, an Handwerksleuten und an Raben. Bald reichten unsere Hospitäler nicht mehr hin, um neue Kranke aufzunehmen; die Sterblichkeit nahm täglich zu, am letzten April stieg die Anzahl der Toten auf 270. Es kam darauf an, ein fünftes Hospital zu errichten; man tat dies mit so viel Schnelligkeit, als bei den trostlosen Umständen möglich war; man bediente sich der Zelte, der Schiffssegel und alles dessen, was nötig war, um ein Lager zu errichten, und nahm dies aus dem Arsenal. Man gab einem eingeschlossenen Platz, unweit der Stadt, den Namen Gerin-Lager; dort hatte man Wasser und eine ziemlich große

Wohnung für die, welche das Hospital bedienen sollten. Man ließ dahin alle übrigen Kranken bringen, die noch in der Stadt waren und schickte ihnen Karren nach, auf welche der Hausrat aus ihren Kammern geladen werden sollte, dessen man genug fand, um, so wie sie ankamen, ihnen Betten zu bereiten; wenige Tage nachher zählten wir in diesem Lager bis an die 1.200 Kranke.

Dazu fürchten ist, daß unsere Nachkommen das nachahmen, was wir getan, ohne genug zu untersuchen, ob wir gut gehandelt haben, so glaube ich hier erklären zu müssen, daß ich ein Lager als keinen guten Zufluchtsort für Kranke ansehe. Die Anzahl von 1.200, welche sich zugleich in dem Lager von Toulon befanden, könnte Gelegenheit geben, zu vermuten, daß hier wenige gestorben wären; allein man muß bemerken, daß die Anzahl nie so hoch würde angewachsen sein, wenn man nicht, wie ich es gesagt habe, in dies Hospital alle Kranken gebracht hätte, die man in der Stadt fand. Gerade in diesem Hospital starben mehr, als anderer Orten. Die schöne Jahreszeit war noch nicht weit genug vorgerückt, um Kranke dem Ungestüm der Luft auszusetzen, gegen welchen Zelte nicht genug schützen. Es kamen so viele Wetterveränderungen, daß zuweilen auf einen heiteren Tag mehrere stürmische folgten, da dann die Heftigkeit der Winde die Zelte in Unordnung brachte und niederwarf.

Wenn die Pest am stärksten wütet, ist nicht daran zu denken, geschickte Handwerksleute zu finden; man ist gezwungen, diejenigen zu nehmen, die sich zuerst melden; und die, welchen man aufgetragen hatte, das Lager zu errichten, wußten es weder dauerhaft zu machen, noch wiederherzustellen. Die Kranken hatten auf alle Weise Ursache, über diesen unglücklichen Versuch zu seufzen; die, welche bei eintretender besserer Jahreszeit weniger durch die Unbeständigkeit des Wetters litten, hatten dagegen die brennende Hitze des Sommers auszuhalten, die für einen gesunden Menschen fast unerträglich war. Viele Kranke waren so sehr von Beistand entblößt und es fehlte so sehr an Wärtern, um ihrer zu pflegen, daß einige starben, ohne deren einen um sich gesehen zu haben. Ein Krankenwärter, welcher

Wasser in die Zelte trug, wurde bei jedem Schritt angehalten, so daß diese kostbare Erquickung fast nie dahin kam, wo man sie erwartete. Man denke sich den Zustand eines Kranken, der nicht einmal seinen Durst löschen konnte! Wohl denen, die wenigstens von Verwandten und Freunden besucht und gelabt wurden! Man sah Väter von einem Zelt zum anderen gehen, um ihren Kindern Hilfe zu bringen und Kinder, die dasselbe für ihre Eltern taten. Diesen gegenseitigen Dienstleistungen verdankten die meisten Kranken ihre Erhaltung.

39. Kapitel.

Verlängerung der allgemeinen Quarantäne. Schleunige Aufhebung derselben. Sterblichkeit im Rathaus, worauf die fürchterlichste Mutlosigkeit erfolgt.

AM 20. April, mit welchem die Quarantäne aufhören sollte, sahen wir uns weit entfernt von dem Heil, das wir erwartet hatten. Manche Inseln waren so entvölkert, daß man keinen Mann darin fand, der die Vorräte hätte austeilen können, und daß man dies Geschäft Weibern auftragen mußte. Diejenigen, welche noch lebten, seufzten weniger danach, daß die Pest aufhören möchte, als nach Freiheit. Jedermann litt durch die Einsperrung; die Bedürfnisse wuchsen aufs äußerste; die Härte dieser Lage war offenbar genug. Dennoch, obgleich das allgemeine Beste mehr hätte gelten sollen, als der Vorteil einiger einzelnen, drangen diejenigen, welche sich gesunderhalten hatten und die, durch Hilfe des Verbots, aus den Häusern zu gehen, ihr Gesinde zurückhalten konnten, lebhaft darauf, daß die Quarantäne fortdauern möchte. So elend nun dadurch der Zustand der Handwerksleute und der niedrigen Volksklassen wurde; so mußte man dennoch den Bitten nachgeben, mit welchen der Kommandant der Festung die seinigen verband, daß man noch auf 30 Tage die grausamste und merkwürdigste Quarantäne, die je gehalten worden ist, verlängern möchte.

Nach dem, was ich von den Folgen gesagt habe, die ein erster Zeitpunkt der Pest immer nach sich zieht, wird man zu erfahren wünschen, welche Folgen die Ansteckung im Rathaus gehabt habe. Das Rathaus wurde ein neues Hospital. Die Messieurs Gavotty und Marin, zweiter und dritter Bürgermeister, starben; ihnen folgten nach und nach der Almosenier, der Arzt, der Schatzmeister, die Sekretarien, die Fouriere, alle Munizipalbeamten und alle Bedienten, ohne Ausnahme.

Man wird sich nicht darüber wundern, daß wenige Kranke in den Hospitälern die Pest überlebten, wenn man hört, daß in dem Rathaus, wo man alle Art von Hilfe in Überfluß fand, kein einziger davon Befallener dieser grausamen Krankheit entwischte.

Es war die Rede davon, der Stadt neue Beamte zu geben. Der Kommandant der Festung hatte dem Hof Bericht von der traurigen Lage erstattet, in welche wir durch den Tod zweier Bürgermeister und der meisten Ratsglieder versetzt waren, und es kam daher ein Befehl, daß ihre Stellen durch diejenigen wieder besetzt werden sollten, die in den vorigen Jahren diese Ämter verwaltet hatten, um denen zugesellt zu werden, welche noch in Tätigkeit blieben. Der Kommandant verlangte zugleich, die Namen und Wohnungen der Ratsherren, der Gesundheits- und Polizeiaufseher und der Hospitaldirektoren zu erfahren; die Abwesenden erhielten Befehl, sich einzustellen. Acht Karren waren nicht mehr hinreichend; beinahe 300 Leichen an einem Tage kündigten uns eine gleiche Anzahl für den folgenden an und nun verbreitete sich allgemeiner Schrecken. Man sah nicht mehr die Spuren der Bevölkerung; das Gras wuchs in den Straßen; der Bäcker konnte sein Brot nicht mehr verkaufen; das Fleisch vertrocknete und verfaulte auf den Fleischbänken. Da die Lieferanten gestorben waren, hatte niemand andere Hilfe, als von sich selber, zu erwarten.

Diejenigen Einwohner, welche noch hätten Beistand leisten können, waren teils eingesperrt, teils krank. In diesem Zustand, der noch viel ärger gewesen sein würde, wenn man das Begraben der Toten einen einzigen Tag versäumt hätte, schien es endlich unmöglich die Quarantäne weiter zu treiben. Diejenigen, welche ihre Verlängerung gewünscht hatten, forderten nun selbst, daß sie aufgehoben werden möchte; am 10. Mai wurde unseren Einwohnern die Freiheit angekündigt. Nie gingen Verbrecher blasser und entstellter aus dem Kerker hervor; eine große Anzahl war so schwach und entkräftet, daß sie sich für krank erklärte, um sich in die Hospitäler bringen zu lassen.

40. Kapitel.
Zustand von Toulon nach Aufhebung der Quarantäne. Warum die Sterblichkeit abnimmt, obgleich die Anzahl der Kranken größer ist.

DA der Schrecken sich allgemein verbreitet hatte; sahen wir, von dem Tage der Aufhebung der Quarantäne an, jedermann darauf studieren, wie er nur mit äußerster Vorsicht die Freiheit, auszugehen, nützen wollte. Die Hausväter verließen sich nicht mehr auf die Klugheit ihres Gesindes, sondern gingen selbst auf den Markt, um Vorräte einzukaufen; alle die, gegen welche man noch Ursache hatte, Verdacht zu hegen, weil in ihren Häusern Tote oder Kranke gewesen waren, trugen ein Unterscheidungszeichen, damit man vermeiden konnte, ihnen nahezukommen. Indessen vermochte man nicht eine freiwillige Gemeinschaft zu verhindern; man kann das weder während einer gezwungenen Quarantäne, noch wenn man frei ist, weil es unmöglich ist, diejenigen vor der Pest zu bewahren, die sich ihr mutwillig aussetzen wollen.

Man hatte in der königlichen Bäckerei Brot genug backen lassen, um jedermann damit zu versehen. Diese Vorsicht war überflüssig, weil jedermann von demjenigen, was man ihm 60 Quarantänetage hindurch geliefert, genug zurückgelegt hatte, um sich drei volle Wochen hindurch zu nähren, welches einigen um so leichter geworden, da von einer ganzen Familie zuweilen nur ein einziger übrig geblieben war.

Ich will nicht geradezu behaupten, daß die Aufhebung der Quarantäne die Verminderung der Sterblichkeit bewirkte, welche wir, obgleich die Anzahl der Kranken am 15. Mai noch 3.000 stark war, bemerkten; diese Verminderung, welche täglich sichtbarer wurde, rührte hauptsächlich von drei Ursachen her.

Erstlich, weil alle Kranke bestimmte Kennzeichen der Pest an sich trugen und man bei ihnen also die gehörigen Mittel anwenden konnte; zweitens, weil wir Wundärzte genug hatten, um alle Hospitäler zu versehen und diese Wundärzte, die nun mehr Kenntnis von der Behandlungsart der Pest hatten, als vorhin, gleich anfangs die Kranken erleichterten, indem sie die Knoten, welche sich in den Pestbeulen erzeugt hatten, mit der Wurzel aushoben; endlich drittens, weil wir eine größere Anzahl von Krankenwärtern hatten; denn, da kein Handwerksmann mehr, durch kein Gewerbe, seinen Lebensunterhalt gewinnen konnte; fanden wir, bis die Pest aufhörte, mehr Subjekte als wir bedurften. Hieraus schließe ich, daß wahrscheinlich viele Kranke nicht hilflos in den Hospitälern würden umgekommen sein, wenn man, statt 60 Tage der Quarantäne hindurch müßige Leute zu ernähren, ihnen die Freiheit gelassen hätte, anderwärts nützlich zu werden.

41. Kapitel.

Notwendigkeit, zuletzt das Charité-Haus in ein siebentes Hospital zu verwandeln. Befehl vom Hofe, die Armen daraus wegzuschaffen.

WENN ich an einem anderen Ort gesagt habe, daß man nicht eher anfange in einer Stadt Atem zu schöpfen, als bis sie sich in dem Zustand befände, wie jetzt der von Toulon geschildert worden; so wird man haben urteilen können, daß dieser Zustand, der noch immer drückend war, niemand einen Schatten von Beruhigung und Trost gewähren konnte, als denjenigen, welchen das unglückliche Geschäft oblag, ihr Beistand zu leisten. Freilich konnten die tausende von Leichen, deren

Fortschaffung man nicht aus den Augen verlieren durfte, und die man bis zu den Begräbnisplätzen begleiten mußte, damit nichts bei ihrer Beerdigung verabsäumt würde, den öffentlichen Beamten nichts weniger als eine ruhige gefahrfreie Lage ankündigen; allein sie sahen denn doch endlich die Früchte ihrer Sorgfalt und die Anlagen, welche sie gemacht und so oft erneuert hatten, fingen doch an, Dauer zu erhalten. Es war ein Trost für sie, zu erfahren, daß, indem kein Raum mehr in den Hospitälern war, die größere Anzahl von Kranken weniger Tote lieferte. War eine Zeit gewesen, wo die Familien sich scheuten, ihre Kranken auszuliefern, damit sie in die Hospitäler gebracht würden; so gab man nun diesem Aufenthalt den Vorzug; nur durfte nicht von dem Gerin-Lager die Rede sein, in welchem denn auch wirklich die Kranken nie gut aufgehoben waren. Als man nun nicht wußte, wo man den größten Teil derer unterbringen sollte, die in der Stadt blieben; durfte man sich nicht lange besinnen, das Charité-Haus in Besitz zu nehmen, aus welchem man das siebente und letzte Hospital machte.

Vergebens waren die dringenden Vorstellungen, dies Haus frei zu lassen; auf Befehl des Hofes wurde beschlossen, die Armen daraus fortzuschaffen. Diese wurden in mehrere, nicht weit voneinander gelegene Landhäuser verteilt; sie trugen ihr Gepäck selbst, unter Aufsicht der Verwalter, Beichtväter und Direktoren dieses Hospitals. Alles wurde mit großer Ordnung betrieben und alle Kranken wurden so einquartiert und verpflegt, wie es nur immer in den ruhigsten Zeiten hätte geschehen können. Es starben zwar einige von ihnen, aber in sehr geringer Anzahl, weil sie getrennt waren.

42. Kapitel.

Dienstleistungen der Herren Seeoffiziere. Ernennung von vier Generalkommissarien. Entschluß, der darüber genommen wurde.

ICH darf die Dienstleistungen der Herren Seeoffiziere nicht mit Stillschweigen übergehen, wovon ich selbst die Zeugnisse in das Archiv der Stadt Toulon niedergelegt habe. Diese Herren, die keinen Begriff davon hatten, wie man untätig sein könnte, wenn man nicht dazu gezwungen würde, wetteiferten unter sich, wer von ihnen der Stadt, während der allgemeinen Quarantäne, die nützlichsten Dienste leisten sollte. Sie suchten eine Ehre darin, ihr in diesem Elend beizustehen, ihr Sorgfalt zu widmen, und uns mit weisem Rat zu unterstützen. Man hätte glauben sollen, das Wohl der Stadt würde von ihren Händen gefordert und sie wären deswegen verantwortlich.

Wir hatten so viele Personen in dem Rathaus verloren, daß man der Arbeit nun nicht mehr vorstehen konnte, die unter so viele verteilt gewesen war, ehe der Tod sie weggerafft hatte. Wir bedurften Beistand, und um uns diesen zu verschaffen, ernannte man am 20. Mai 1721 vier Generalkommissarien, denen man mehr Gewalt einräumte, als die Quartierskommissarien in ihrem Amt gehabt hatten, so lange die Munizipalbeamten noch lebten. Die darüber ausgestellte Akte ist, obgleich eine allgemeine Versammlung vorausgegangen war, nur mit fünf Unterschriften versehen, die des Kommandanten und die meinige mit eingeschlossen, und am 30. Mai waren von den fünfen, welche unterzeichnet hatten, nur noch zwei am Leben.

Die Marine war bereit, allein die vier Generalkommissarien herzugeben, deren die Stadt so notwendig bedurfte; da wir aber noch Bürger hatten, auf deren Eifer wir rechnen durften; glaubten wir diese Stellen mit zwei Seeoffizieren und zwei Edelleuten besetzen zu müssen. Diese Herren, welche ihr Leben dem Dienst einer Stadt opferten, deren Erretter sie sein wollten, wünschten, man möchte das Andenken ihres guten Willens auf die Nachwelt bringen. Der Tod des einen unter ihnen bewies

nur zu früh, wie groß ihr Verdienst und der Wert ihrer Dienstleistungen war.

Aus allem, was ich nun noch zu sagen habe, wird man sehen,
daß auf die abscheulichste Unordnung die dauerhafteste Ordnung folgte, welches man weniger der Abnahme der Sterblichkeit, als der fortgesetzten Aufmerksamkeit der Kommissarien zurechnen muß, die es sich zur Pflicht machten, allem
abzuhelfen und alles mit eigenen Augen zu sehen. Ihrem uner-
müdeten Eifer also gebührt unser lauter Beifall.

43. Kapitel.

*Hinschaffung der Kranken in das Charité-Hospital. Bedingun-
gen, unter welchen sie dort aufgenommen wurden. Die Genesenden sind in einer Stadt um so gefährlicher, je weniger man
sie kennt. Befehle und Verordnungen, um Verbrechen zu hindern und zu bestrafen. Hinrichtung der Schuldigen.*

SO niederschlagend der Verlust des einen von den Generalkommissarien war; so wußten doch die, welche ihn überlebten, uns diesen Verlust weniger empfindlich zu machen. Man
bemerkte bald, daß der Zuwachs von drei Personen, die, an der
Spitze der Geschäfte, keine Gefahr scheuten und zu demselben
Zweck gemeinschaftlich arbeiteten, unfehlbar die Unterneh-
mungen beschleunigen mußte, welche bis jetzt nur einen
schläfrigen Fortgang gehabt hatten. Die Ordnung, welche bei
Hinschaffung der Kranken in das Charité-Hospital beobachtet
werden sollte, wurde allen Einwohnern bekanntgemacht und
schon vom 24. Mai an nahm man diejenigen darin auf, welche in
ihren Wohnungen Matratzen, Bettlaken, ein Bett, Decken,
Hemden und andere Gerätschaften hatten, wovon nun alle Magazine der Stadt entblößt waren. Diejenigen, welche sich diese
Bedürfnisse nicht verschaffen konnten, wurden nach dem
Quartier der Stadt, in welchem sie wohnten, entweder in das St.
Roch-Hospital, oder in das Gerin-Lager gebracht. Man nahm
sich vor, keine Kranken mehr in das Heilig-Geist-Hospital zu

schicken, welches beinahe schon mit 700 besetzt war, damit dies Hospital zuerst frei werden möchte.

Was die Kranken von einiger Bedeutung betrifft, die gern in ihren Häusern verpflegt werden wollten; so war man so gefällig, ihnen dies unter der Bedingung zu gestatten, daß, wenn sie Mietsleute hatten, welche dies nicht zugeben wollten, die Erlaubnis nichts gelten sollte. Willigten aber die Mitbewohner des Hauses ein; so mußte die Familie des Kranken diese, während ihrer Einsperrung und Quarantäne, ernähren; der Syndicus der Insel aber sollte die Schlüssel des Hauses zu sich nehmen und es nur in seiner Gegenwart und in dringenden Fällen öffnen lassen.

Diese Nachgiebigkeit schien sich mit dem Entschluß, keine Kranken in den Häusern zu lassen, nicht zu vertragen. Man hatte aber nicht Zeit, die Unbequemlichkeit davon zu fühlen und zu erkennen, indem das Charité-Hospital bald in so guten Ruf und in einen solchen Stand kam, daß Personen von gewisser Bedeutung, die man von dem allgemeinen Gesetz ausnehmen zu müssen geglaubt hatte, keinen Anstand fanden, sich dahin zu begeben.

Man hatte aufgehört, die Kranken zu nötigen, ihren Zustand anzugeben, weil es an Raum in den Hospitälern fehlte; als uns aber die neue Einrichtung mehr Gemächlichkeit verschaffte, wurde allen Wundärzten, Apothekern und andern Leuten verboten, Salben und dergleichen zu verfertigen, zu verkaufen, auszuteilen, oder zu verschenken, an wen es auch sein möchte. Man befahl auch, daß die Kranken, welche, um ihren Zustand zu verhehlen, niemand um Hilfe ansprachen, binnen 24 Stunden ihre Krankheiten anzeigen und in die Hospitäler gebracht werden sollten, wenn sich aus der Untersuchung der Wundärzte ergäbe, daß sie von der Pest angesteckt wären, daß sie hingegen zu Hause bleiben sollten, wenn es sich offenbarte, daß ihre Krankheit nichts Verdächtiges an sich hätte.

Um die Gemeinschaft mit denen zu verhindern, welche Tote oder Kranke in ihren Häusern gehabt hatten, war ihnen auferlegt worden, an dem Ärmel ihrer Kleider ein weißes Papier angeheftet zu tragen; allein da dennoch einige angesteckte Personen sich nicht zu erkennen gaben, entweder um nicht in die Hospitäler gebracht, oder nicht in ihren Häusern eingesperrt zu werden; mußte man die Strenge zu Hilfe nehmen, um sie zu zwingen, sich zu erklären.

Es gab eine andere Klasse von Kranken, die noch mörderischer war; diese bestand aus solchen, welche umhergehen konnten, obgleich ihre Beulen noch fließend waren. Glücklicherweise war ihr Zustand den Mietsleuten oder Nachbarn nicht unbekannt. Als man durch die Angabe eines von diesen erfuhr, daß manche Genesende, deren Beulen noch offen waren, über die Straßen gingen; gab man eine Verordnung, in welcher dieser Art von Kranken befohlen wurde, sich noch heute in das Gerin-Lager zu begeben, um sich da heilen zu lassen und alsdann in das Lazarett zu gehen, wo die letzte Quarantäne gehalten wurde. Diese Verordnung belegte diejenigen mit der Todesstrafe, welche auf der Gasse ertappt werden würden, wenn sich aus dem Bericht der Wundärzte ergäbe, daß sie nicht von Grund aus geheilt wären.

Ebenfalls wurde allen Genesenden in den Hospitälern, den Krankenwärtern und anderen Personen, welche die Kranken bedienten, verboten, in ihren Häusern in der Stadt sich sehen zu lassen, unter welchem Vorwand es auch sein möchte, und den Mietsleuten, sie darin aufzunehmen. Man bestimmte, wie weit es erlaubt sein sollte, sich den Hospitälern zu nähern. Die Verwalter, Direktoren, Wundärzte und Apotheker wurden neuen Regeln unterworfen. Allein es ist nicht genug dergleichen Befehle zu geben, wenn man nicht mit Strenge auf Befolgung derselben hält. Man muß die Strafe der Art des Verbrechens anpassen und Plünderung der Stadt und alle mögliche Unordnungen erwarten, wenn die Schuldigen nicht bestraft werden.

Wir hatten Beispiele davon in Toulon; doch in geringer Anzahl, weil man mit der pünktlichsten Strenge diejenigen, welche eines Diebstahls oder Mords überwiesen wurden, noch an demselben Tage mit dem Tode bestrafte. Vorzüglich muß man in solchen unglücklichen Zeiten auf die Weiber von schlechtem

Ruf achtsam sein, weil diese leichter als die Männer ihre Diebstähle verbergen können. Es gab zwei unter ihnen, die besser gekleidet waren, als es ihr Zustand ihnen erlauben konnte; diese wurden am Stadttor durchsucht und man fand bei ihnen Bettlaken, die mit Blut und Eiter beschmutzt waren und wovon sie sich doppelte Röcke gemacht hatten.

Man erfuhr durch ihr Verhör, woher sie kamen und wo sie die verschiedenen Sachen, die man bei ihnen fand, gestohlen hatten. Eine Nachsuchung, die man in dem Haus anstellte, das sie bewohnten, überzeugte uns, daß dies nicht der erste Diebstahl war, den sie begangen hatten; zwei Raben erhielten Befehl, diese Sachen fortzutragen und zu den Füßen des Galgens zu verbrennen, an welchen die beiden Elenden aufgeknüpft wurden. Ein Galeerensklave, der eines Mordes überwiesen wurde, hatte dasselbe Schicksal. Auch Krankenwärter und Wärterinnen wurden zu dieser Strafe verdammt, weil sie Schränke bei Kranken erbrochen, deren Tod sie ohne Zweifel beschleunigt hatten.

Dergleichen Diebstähle können eine Rückkehr der Seuche verursachen, und nur durch exemplarische Strafen kann man sie verhindern. Man muß ihnen sogar durch Errichtung von Galgen auf den öffentlichen Plätzen vorzubauen suchen. Man rettet eine Stadt, wenn man dergleichen Verbrecher nicht ungestraft läßt.

44. Kapitel.

Die Pest geht aus Toulon in die Gegend über und dringt in alle die Dörfer ein, welche zu dem Gebiet gehören. Beträchtliche Hilfe von seiten des Hofes. Errichtung eines Sanitätskollegiums in Paris. Betrachtungen über jeden dieser Gegenstände.

FAST alle angesehenen Familien in der Provence haben Häuser auf dem Lande, welche man Bastiden nennt. Diese Häuser stehen nicht fern voneinander, so daß sie gleichsam kleine Städte, oder wenigstens beträchtliche Flecken ausmachen, welche in der Pestzeit sehr viel bevölkerter zu sein pflegen, weil dann schwerlich sonst jemand in der Stadt bleibt, als der, welcher keinen anderen Zufluchtsort hat.

Außer der großen Anzahl dieser Bastiden liegen noch in der Gegend von Toulon die Dörfer La Valette, La Garde, La Seine, Ollioules, Revest, Evenos, St. Nazaire, und Sixfours; acht ziemlich ansehnliche Gemeinen, woraus das ganze Gebiet besteht. Diese Dörfer sind ungefähr eine Meile weit, eines von dem anderen, und alle gleich weit von der Stadt entfernt.

Wenn die Pest früher in die Städte, als in diese kleinen Gemeinen Eingang fand; so geschah das, weil man in den Städten allerlei Vorkehrungen traf, oder zu treffen glaubte, in den Gemeinen hingegen gar keine Anstalten von der Art machte. Ich will diesen auffallenden Satz erklären: In den Städten, wo man mehr Vorsicht brauchte, versäumte man die einzige wesentliche, die darin hätte bestehen müssen, daß man den Verpesteten, welche von außen hereinkamen, keine Zuflucht verstattet hätte. Die Gemeinen hingegen, welche uns umgeben, glücklich genug nicht in der Lage zu sein, jemand aufnehmen zu können, noch darum angesprochen zu werden, sind auf keine Weise dieser ersten Gefahr ausgesetzt. Doch können sie ihr früh oder spät nicht ausweichen, weil eine anscheinende Klugheit ihnen diese Gefahr verbirgt und tausend verführerische Vorkehrungen ihnen Sicherheit zu versprechen scheinen. Die Einwohner dieser Örter sind zu sicher, gehen aus und ein in einer Stadt, die ganz mit ihrem Wohl beschäftigt zu sein scheint; und in dieser Zuversicht werden alle Gemeinen angesteckt.

Das war das Schicksal des ganzen Gebiets von Toulon; die Pest, deren erster Anfang sich nie durch sehr auffallende Kennzeichen ankündigt, kam nach und nach aus einem Dorf in das andere, weil die Einwohner unseres Gebiets in diese Dörfer gingen, um Lebensmittel zu holen, ohne daß man dort die geringste Vorsicht gegen die Gefahr brauchte.

Unsere unglücklichen Nachbarn sahen sich nun der Hilfe beraubt, die sie zu einer anderen Zeit von der Stadt hätten erwarten können, und hatten weder Brot, noch Fleisch, noch Arznei, noch Wundärzte, noch Raben, ja! selbst nicht einmal

Begräbnisse. Dies Elend erschwerte das unsrige; und ich zweifle, ob ein einziger Einwohner es würde überlebt haben, wenn nicht der Hof, der das Unglück der Provence erfuhr und bemitleidete, die Augen voll Erbarmen auf uns gerichtet hätte. Die niedergebeugten Städte erhielten ihren Anteil an einem monatlichen Geschenk von dreimal 100.000 Livres, vom ersten Juni an. Diese Hilfe sollte teils an Geld, teils an Mehl, und teils an Schlachtvieh ausgespendet werden. Wir hatten dies der Aufmerksamkeit des durchlauchtigen Herzogs von Orleans, Regenten des Reichs, zu verdanken, der, während der Minderjährigkeit des Königs, durch diese gütige und großmütige Handlung unserem jungen Monarchen die ersten Begriffe von Mitleid und Menschenliebe einprägen wollte, welche ihm hernach den Beinamen von *Frankreichs Vielgeliebten* erworben haben. Ebendieser Prinz verordnete noch die Errichtung eines Sanitätskollegiums in Paris, um den Zustand und die Bedürfnisse einer Provinz zu untersuchen, aus welcher man täglich die erschrecklichsten Nachrichten vernahm. Den weisen Ratschlüssen dieses Kollegiums hat man es zuzuschreiben, daß uns so pünktlich und schnell Beistand geleistet wurde, daß man uns Wundärzte schickte, welche der Hof monatlich mit 500 Livres besoldete, daß nach Marseille der Befehl ausgefertigt wurde, so viele Galeerensklaven freizumachen, als nötig sein würden, um in allen Örtern, wo sich die Pest verbreitet hatte, angestellt zu werden.

Da man uns die Verteilung der königlichen Geschenke, zum Beistand der Gemeinen unseres Gebiets aufgetragen hatte, von denen wir wußten, daß sie das äußerste Elend litten; beschäftigten uns zugleich ihre Leiden und die unsrigen. Obgleich wir nun noch unter der Last einer unendlichen Menge von Kranken in unseren Hospitälern seufzten; so fanden wir doch unsere Lage bei weitem nicht so kläglich, als die unserer abwesenden Bürger, die nach uns die ersten Schrecknisse der Sterblichkeit erfuhren. Indessen mußten wir, indem wir ihnen Beistand leisteten, darauf denken, die wenigen zu retten, die noch in der Stadt geblieben waren und gegen die ersteren ebenso vorsichtig als menschlich verfahren. Wir konnten ihnen um so eher unsere

Sorgfalt widmen und mit Erfolg an ihrer Rettung arbeiten, da die unsrige uns nahe bevorstehend schien; wir waren aus so manchem Abgrund gerettet worden, daß neue Gefahren uns nicht mehr schreckten.

Ich muß hier bemerklich machen, daß in Toulon jedermann sich ungezwungen in das Hospital begab, das ihm war angewiesen worden. Man glaubte vielleicht deswegen sich dieser allgemeinen Vorschrift unterwerfen zu müssen, weil ich einer von den ersten war, welche das Beispiel von Gehorsam gaben, indem ich in das Charité-Hospital zwei meiner jungen Brüder schickte, welche Leutnants im Regiment Ponthieu und zu ihrem Unglück in Toulon auf Urlaub waren. Sie wurden bei mir krank, der eine am 13., der andere am 15. Juni, und starben beide am 20. des Monats. Sie hätten durchaus auch dann in ein Hospital gebracht werden müssen, wenn es gleich verstattet gewesen wäre, Kranke in den Häusern zu behalten, weil ich damals gänzlich verlassen war. Ich war aus dem Rathaus gezogen, welches nun der Aufenthalt der sogenannten Raben geworden war. Ganz allein in meinem Haus, ohne Dienstboten zu meiner Aufwartung, nahm ich keine andere Nahrung zu mir, als die meine nahen Nachbarn mir mit viel Vorsicht zu reichen die Güte hatten, indem sie miteinander wetteiferten, sich die Freude zu machen, mir beizustehen. Diese Lage war die Ursache, daß meine unglücklichen Brüder sich von meiner übrigen Familie, die ich auf das Land geschickt hatte, trennten, und, ohne meine Einwilligung, zu mir kamen. Unsere erste Umarmung wurde mit Tränen benetzt und bald darauf wurden sie mir auf ewig entrissen.

So gerecht auch mein Schmerz war; so drückte er mich doch nicht nieder; und obgleich ich Monsieur le Blanc, dem Kriegsminister, zu gleicher Zeit den Tod meiner beiden Brüder hätte melden können; so redete ich in meinem Brief an ihn doch nur von dem Absterben des ältesten und erbat mir für den dritten die Leutnantsstelle bei der Infanterie, welche durch jenen war erledigt worden. Ich dachte, wenn ich mit der folgenden Post den Tod des zweiten berichtete; so würde ich die Leutnantsstelle für meinen letzten, noch übrigbleibenden Bruder erhalten, welcher jetzt Königsleutnant in Port Louis ist. Ich erlangte diese Gnade; ein Prinz vom Geblüt[20], Colonel-General der Infanterie, bewies mir die Ehre, an mich zu schreiben, um mir Nachricht davon zu geben. Auch der Herr Marschall, Herzog von Villars, Gouverneur der Provence und Monsieur le Blanc waren so gütig, mir zu bezeugen, daß ich in dem Fall wäre, persönliche Gnadenbezeugungen zu verdienen, welche sie mir zu verschaffen sich ein Vergnügen machen würden.

Diese Versprechungen blieben nicht unerfüllt; ich erhielt von der Huld des Königs seinen Sankt-Michaels-Orden mit einem Jahresgeld von 1.000 Livres. Allein ich finde mich noch jetzt so geschmeichelt und belohnt durch die Briefe, deren mich der Hof gewürdigt hat, daß ich es für Pflicht halte, ihnen am Ende dieses Werks einen Platz einzuräumen, sowohl um meine Dankbarkeit dafür zu bezeugen, als um meine Mitbürger zu bewegen, sich ähnlicher Auszeichnungen durch ihre Dienste würdig zu machen.[21]

---

[20] Ludwig von Orleans, Herzog von Chartres.

[21] Anm. d. Übers.: Der Übersetzer wird diese für uns unbedeutenden Briefe am Ende des Werks nicht mit verdeutschen. Wenn übrigens ein Bürger sich auf vorzügliche Weise um den Staat verdient macht; so darf er mit Recht auf die Erkenntlichkeit seines Vaterlandes rechnen; und wenn die Regierung, aus dem öffentlichen Schatz diese Schuld abträgt; so tut sie nichts als ihre Pflicht. Sie, für sich, hat nichts zu verschenken.

45. Kapitel.

Eine Stadt, in welcher die Pest nachläßt, soll ferner keine Gemeinschaft mit den Einwohnern ihres Gebiets haben, wenn diese angesteckt sind. Betrachtungen über diese harte Notwendigkeit und über die Unabhängigkeit in welcher die kleinen Gemeinen sich befanden.

DIE Pest ging, wie ich es gesagt habe, aus der Stadt in das Gebiet über. Wir haben gesehen, wie schwer es uns wurde, eine gewisse Ordnung in einer Stadt zu gründen, aus welcher das Volk nicht herausgehen durfte und in der man die Einwohner auf so vielfache Weise in Schranken halten und unterstützen mußte. Allein es schien uns leicht, solchen Bürgern Gesetze vorzuschreiben, die in ihren Landhäusern an keinem Bedürfnis Mangel litten. Man untersagte daher den angesteckten Familien, in die Stadt zurückzukehren, aus Furcht, sie möchten die noch übrigen wenigen gesunden Häuser verpesten und die Seuche fortdauern machen. Wir reichten ihnen übrigens alle mögliche Hilfe, indem wir die Anlagen wieder auf einen guten Fuß setzten, welche die Pest so oft zerstört hatte, die nun aber endlich Dauer erhielten, weil wir Personen dabei ansetzten, die ihre letzte Quarantäne nach wiedererlangter Gesundheit überstanden hatten.

Bevor ich von den Maßregeln rede, welche man nahm, um eine gute Polizei auf dem Lande einzuführen, muß ich bemerken, daß, wenn in den gewöhnlichen Zeiten jede Gemeine unabhängig von den anderen lebt, diese Freiheit in der Pestzeit gefährlicher wird, indem, wenn keine Gemeine über die andere die Aufsicht hat, keine einzige daran denkt, sich gegen diejenige zu verwahren, welche zuerst ist angesteckt worden, weil entweder die Einwohner die Gefahr weder einsehen, noch vermeiden wollen, oder die Bürgermeister, welche an ihrer Spitze stehen, weder Mittel noch Ansehen haben, sich Gehorsam zu verschaffen. Alsdann ist es notwendig, daß man den Kommandanten in den Städten die Macht verleihe, auf die Gemeinen acht zu haben, welche ihnen außerdem nicht untergeordnet zu sein pflegen. Der König kann die Gewalt derselben nicht genug ausdehnen, weil der, welcher in der ganzen Provinz zu befehlen hat, oft zu entfernt wohnt, und es folglich unmöglich ist, daß seine Verordnungen immer früh genug ankommen, um pünktlich befolgt zu werden. Hat aber jeder einzelne Kommandant ein anerkanntes Ansehen bei den Gemeinen, welche zu seinem Departement gehören; so ist er imstande, dem Unglück vorzubeugen, das man nur durch solche Befehle verhindern kann, die mit Schnelligkeit und Nachdruck gegeben werden.

Da indessen nicht alle Städte Kommandanten haben; so sollte verordnet werden, daß in der Pestzeit die Bürgermeister in den Hauptstädten das Recht hätten, den Obrigkeiten der Gemeinen, die zu ihrem Gebiet gehören, Befehle zu geben und sich von ihnen genaue Berichte erstatten zu lassen. Dadurch würde der Kommandant der Provinz von allem unterrichtet, was in jedem Gebiet vorginge, und seine Verordnungen würden immer besser befolgt werden, wenn er sie den Bürgermeistern der Städte zufertigte. In der Tat ist es ihm sehr beschwerlich, mit jeder Post stets so viele Vorstellungen zu erhalten, als es Gemeinen in einer Provinz gibt. Da er diesen allen nicht genug tun kann; leidet jede Gemeine insbesondere darunter.

Ich habe im Jahre 1721 das Gebiet von Toulon in einer so allgemeinen Verwirrung gesehen, daß, wenn nicht Monsieur Dupont Vollmacht gehabt hätte, seine Gewalt selbst über die Dörfer auszudehnen, die außer unseren Grenzen lagen, die Seuche nicht eher aufgehört haben würde zu wüten, als bis keine Einwohner mehr da gewesen wären; statt daß durch Ordnung, Unterwürfigkeit, Strenge und Beistand, wenn jede Gemeine in ihre Grenzen eingeschlossen bleibt, der Vorteil erlangt wird, daß die erste, welche sich von der Pest befreit sieht, weiter keinen Rückfall durch die Gemeinschaft mit den anderen zu befürchten hat.

Weil ich nichts übergehen darf, will ich noch erinnern, daß es vorteilhaft sein würde, in solchen Städten, die keine Kommandanten haben, dergleichen anzustellen, sobald sie von der Pest befallen werden. Die Bürgermeister haben oft Mühe, unter sich einig zu werden; Bürger von verschiedenen Ständen lassen sich einander nicht immer Gerechtigkeit wiederfahren, und man ist oft gezwungen, nach der Mehrheit der Stimmen, diejenigen Vorschläge anzunehmen, die am meisten mit der gesunden Vernunft streiten. Ein königlicher Befehlshaber aber muß auch nur solche Verordnungen zu geben wissen, die ausführbar sind. Nur durch ein Ansehen, das durch Sanftmut und Klugheit gemildert ist, kann er es dahin bringen, daß seine Befehle vollzogen werden und die Einwohner Zutrauen zu ihm fassen. Eine gegenteilige Aufführung würde die Bürger, welche schon durch die Last der übernommenen obrigkeitlichen Ämter niedergedrückt sind, ermüden und zurückscheuchen. Da wir gesehen haben, daß sie das Opfer der Seuche und ihres Eifers werden; wird man es billig finden, daß man sie wenigstens nicht mutlos mache.

46. Kapitel.

Was für eine Polizei in dem Gebiet einer Stadt eingeführt werden müsse. Über den Nutzen, wenn man gewisse Häuser schleunig von der Ansteckung befreit.

DA es einigen Bürgern, welche sorgfältig alle Gemeinschaft vermieden, gelang, sich vor der Pest zu bewahren, ohne eine Stadt zu verlassen, die so sehr, wie Toulon, angesteckt war; wurde dies denjenigen noch leichter, die sich auf das Land begeben hatten, weil sie ihre Vorsicht mit der Freiheit vereinigen konnten, auszugehen und frische Luft zu schöpfen, welches in der Stadt wegfiel.

Das Gebiet ist in Quartiere geteilt, die durch bekannte Namen unterschieden werden. Man weiß immer in jeder Gemeine, wer die Güterbesitzer sind. Diesem gemäß und als man sich davon unterrichtet hatte, welche Bastiden nicht angesteckt worden waren, wählte man in jedem Quartier einen Kommissar, dem man die Freiheit ließ, so viele Syndici zu ernennen, als er nötig finden würde. Hierauf vermochte man jeden Kommissar, die

Bewohner der Bastiden seines Quartieres zu zählen, nach einem Formular, das ihm mitgeteilt wurde. Dies sollte in besonderen Abteilungen den Namen jedes Hausvaters, das Alter und Gewerbe der Personen, die Nummer der Insel, wo ihr Haus in der Stadt gelegen war, enthalten, auch ferner anzeigen: welche Mietsleute darin wohnten; seit welcher Zeit die Besitzer diese Häuser verlassen hätten, und ob diese damals nicht angesteckt gewesen; ob und wann in ihrem ländlichen Aufenthalt jemand gestorben, auch an welchem Tage die letzten Kranken von der Pest befallen seien, um sich danach mit der Quarantäne zu richten. Endlich sollten sie ein Verzeichnis der verlassenen Häuser aufsetzen, damit man ohne Aufschub zur Reinigung derselben schreiten könnte, um Familien darin einzuquartieren, die man nicht früh genug voneinander trennen konnte.

Diese verschiedenen Nachrichten sollten uns sehr nützlich werden zu der Zeit, wenn es mit der Stadt so weit würde gekommen sein, daß man sie reinigen könnte; sie wurden uns mit ebensoviel Schnelligkeit als Pünktlichkeit erteilt; jeder Kommissar, dem die Syndici von allem, was vorging, Bericht erstatteten, meldeten es schriftlich den Generalkommissarien, welche dann diesem gemäß ihre Verordnungen gaben. So berichtete man uns zum Beispiel, daß verschiedene Kranke ihr Testament machen wollten, aber keine Notarien dazu in Bereitschaft fänden. Hierauf nahmen wir es über uns, zu erklären, daß ein Testament, schriftlich vor einem Kommissar nebst fünf Zeugen aufgesetzt, gültig sein sollte; und diese Testamente sind in der Folge von allen Gerichtshöfen anerkannt worden, in Betracht des dringenden Notfalls, wenngleich sie nicht von dem Testator unterzeichnet waren, weil es gefährlich gewesen, sich ihm zu nähern.

Unter den unbewohnten Häusern des Gebiets wählte man in jedem Quartier eins, um darin einen Beichtvater, einen Wundarzt und einen Lieferanten wohnen zu lassen. Der letztere erhielt aus dem nächsten Hospital das Brot, den Wein und das Fleisch, dessen er für sein Quartier bedurfte. Die Beichtväter gingen nun auf Anforderung der Kommissarien zu den Kranken. Die Wundärzte fuhren fort, diejenigen zu bedienen, welche auf dem Wege der Besserung waren. Die Raben öffneten Gruben an den Örtern, die ihnen bezeichnet wurden, und brachten die aufs neue Erkrankten in das Gerin-Lager. Die Kommissarien zeichneten die Namen derselben auf, welche auch im Hospital bei ihrer Aufnahme, zu Papier gebracht wurden. Diese gute Ordnung, welche schon in der Stadt war beobachtet worden, setzte uns nachher in den Stand, die Toten zählen zu können. Sobald man einen Kranken aus seiner Wohnung nahm, nötigte man seine Familie, draußen unter Zelten zu wohnen und in Gegenwart des Syndicus alles zu reinigen, was er im Gebrauch gehabt hatte. Die schöne Jahreszeit erlaubte diese Vorkehrung, welche um so nützlicher war, indem man dann ohne Gefahr wieder in sein Haus gehen konnte, nachdem dies gelüftet und durchräuchert worden.

Weil es nicht möglich war, genug Lieferanten zu haben, um aller Orten Lebensmittel hinzuschaffen; so erlaubte man einer Person, aus jeder angesteckten Familie, auf dem in ihrem Quartier errichteten Markt die nötigen Bedürfnisse zu kaufen. Dies geschah jedoch unter der Bedingung, daß niemand ohne einen Schein vom Kommissar und ohne ein Merkzeichen, woran man seinen Zustand erkennen konnte, dort erscheinen durfte. Die verschiedenen Märkte konnten nur nach und nach eingerichtet werden. Da die Hitze des Sommers es nicht gestattete, sie an sehr entfernte Örter zu verlegen; trug man Sorge, gewisse Häuser zu reinigen, um dasjenige, was man zu verkaufen hatte, dort abzusetzen, indem man zugleich die Vorsicht beobachtete, sich dabei nur solcher Leute zu bedienen, die von der Pest geheilt waren.

Das Verbot, unter welchem Vorwand es auch sein möchte, in irgendein angestecktes Dorf zu gehen, wurde in allen Quartieren des Gebiets bekanntgemacht. Die Kommissarien bestrebten sich hauptsächlich, Diebstahl und Hehlerei zu verhindern. In dieser Absicht untersagte man allen Transport von Hausrat und Kleidungsstücken aus einer Bastide in die andere. Man gestattete jedoch den zu zahlreichen Familien, ihre Wohnung zu verändern, wenn sie Gelegenheit hatten, solche zu bekommen, die gereinigt waren.

Auch der Transport des Getreides wurde verboten; es war billig, die Früchte der Ernte denen zuzusichern, welche ihre Güter verpachtet hatten; und um dies zu bewirken, war es keinem Pächter erlaubt, eher zu verkaufen, so wie auch niemand eher kaufen durfte, als bis der Kommissar die Gewißheit von der Einwilligung des Eigentümers hatte.

Man sieht aus dieser genauen Erzählung, daß, wenn nicht jedermann in dem Gebiet von Toulon umkam, dies die Folge der Hilfe war, welche die Stadt, nach der ausgestandenen fürchterlichen Sterblichkeit, so gepreßt sie auch noch war, dennoch den Gemeinen, welche ihr beigestanden, zu leisten imstande war. Hieraus folgt, daß eine gesunde Stadt noch viel wirksamer einer anderen, die es nicht wäre, würde helfen können, wenn man schicklichere Maßregeln nähme. Wir lernten es sehr spät von welcher Art diese Maßregeln sein müßten; allein nun kennen wir sie doch, und unsere Nachkommen können davon Gebrauch machen.

47. Kapitel.
Über die Polizei in den Hospitälern. Wie weit sie sich zur Zeit der Pest erstrecken soll. Untersuchung der Diebstähle. Verschiedene Bemerkungen.

JEDERMANN weiß, welche Ordnung und Polizei in einem Hospital schicklich ist. Die in Toulon waren, während der größten Heftigkeit der Pest, wie es immer der Fall ist, in großer Unordnung. Und man glaube nur nicht, daß es leicht gewesen sein würde, eine bessere Einrichtung zu treffen! Durfte man erwarten, daß Regelmäßigkeit in Häusern herrschen sollte, in welchen Schmerz und Trostlosigkeit ihren Sitz hatten und die Raben allein den Meister spielten? Nur Gott weiß alles, was da vorgegangen ist; es kamen so wenige Kranke mit dem Leben davon, daß man von ihnen nicht die begangenen Ausschweifungen erfahren konnte. Diese Tage des Greuels hörten endlich auf, so wie die Sterblichkeit abnahm; wir waren besser imstande, über jedermann ein wachsames Auge zu haben, tüchtige Subjekte anzustellen und die Hospitäler in Ordnung zu halten, welches dann auch bis zu Tilgung der Pest mit Erfolg geschah.

Man wählte für jedes Hospital einen Direktor, zwei Beicht-väter, einen Haushalter und mehrere Wundärzte, denen ein Oberwundarzt vorstand. So wie nach und nach die Kranken geheilt wurden, erleichterte man durch ihre Entfernung die Hospitäler. Mit ihnen gingen Wundärzte, um im Lazarett eine letzte Quarantäne zu alten. Der Oberwundarzt hatte die Sorg-falt, der Schamhaftigkeit des anderen Geschlechts zu schonen, welches notwendig durch die Art gekränkt werden mußte, die bei Heilung solcher Krankheiten unvermeidlich ist. Einem einzigen wurde es aufgetragen, die Frauen und Mädchen zu operieren, wobei nur die Krankenwärterinnen gegenwärtig waren.

Ich muß bei dieser Gelegenheit erzählen, daß ein gewisser Nicolas, ein junger, wegen Desertion zu den Galeeren verur-teilter Matrose, welcher als Rabe in Toulon diente, nachdem er bei der Behandlung vieler Kranker gegenwärtig gewesen war, ohne von der Pest angesteckt zu werden, Geschicklichkeit genug zu haben glaubte, um die Stelle eines Wundarztes zu versehen, woran es in der Stadt fehlte. Er bekam hier freies Feld, seine Talente zu versuchen und behandelte einige Kranke mit so viel Erfolg, daß er bald aller Orten hin berufen und der reisende Wundarzt für die ganze Gegend wurde.

Eine junge Frau von angesehener Abkunft hatte sich allein, nahe bei der Stadt, ein kleines Haus zur Wohnung gewählt, aus welchem ein Fenster auf die Heerstraße ging. Als sie mich vorübergehen sah, bat sie mich, zu erlauben, daß ein geschickter Wundarzt sie besuchen dürfte. „Sie scheinen mir nicht krank zu sein", sagte ich ihr. – „Und doch bin ich es sehr gewesen", erwiderte sie, „und verdanke Nicolas meine Rettung; allein ich gestehe es, jetzt wünschte ich, einen älteren Wundarzt bei mir zu sehen." Ich schickte ihr sogleich einen von den Oberwundärzten, welcher gestand, daß man nicht geschickter eine Beule öffnen und eine Wunde heilen könnte, als bei ihr geschehen wäre und daß diese Frau weiter keiner fremden Hilfe bedürfte, wenn sie nur noch einige leichte Arzneimittel gebrauchte, die er ihr vorschrieb.

Ich habe geglaubt, das Beispiel anführen zu müssen, sowohl weil es verständigen und redlichen Personen einen nützlichen Wink geben kann, wenn sie in der Pestzeit die Direktion der Hospitäler erhalten und nicht immer wissen, was alles ihre Aufmerksamkeit verdient, als auch um zu beweisen, daß ein übrigens ganz unerfahrener Wundarzt mit großer Geschicklichkeit die Pest zu behandeln lernen könne, indem ein Galeerensklave, der kaum 20 Jahre alt war, so vorzügliche Kunst in Heilung dieser Seuche zeigte.

Man bringt in den gewöhnlichen Hospitälern das wenige Geld, welches die Kranken bei sich führen, in Sicherheit, indem man sie bewegt, es abzuliefern, damit es ihnen einst wiedergegeben, oder nach ihrem Willen verwendet werde. Während der Pest konnten wir nicht dieselbe Sorgfalt in Ansehung solcher Unterpfänder zeigen, weil sie täglich in neue Hände kamen, teils wegen der Sterbefälle derer, welchen sie waren anvertraut worden, teils wegen der Diebstähle, deren wirkliche Urheber sehr schwer zu entdecken waren. Die Zeit der Pest ist eine Zeit der Finsternis, welche eine unendliche Menge Verbrechen bedeckt. Diejenigen, welche das Glück gehabt hatten, von ihrer Krankheit errettet zu werden, berichteten uns so viel Unterschleife, daß wir es für Pflicht hielten, den Versuch mit der Untersuchung zu machen.

Es wurde daher öffentlich bekanntgemacht und allen denen, welche die Kranken in ihren Häusern und in den Hospitälern bedient hatten, befohlen, binnen 24 Stunden, bei Lebensstrafe, einem von den Direktoren alles dasjenige abzuliefern, was ihnen war anvertraut oder von den Verstorbenen und Kranken gegeben worden. Man versprach den Angebern und selbst denen, welche gutwillig die in Händen habenden Sachen herbeischaffen würden, Belohnungen. Die, welche durch die Verordnung erschreckt wurden und durch lebende Zeugen überwiesen werden konnten, säumten nicht, verschiedene Unterpfänder abzuliefern, wovon sie alle versicherten, daß man sie ihnen freiwillig gegeben hätte. Andere ließen sie durch die Hände der Beichtväter, unter dem Siegel der Verschwiegenheit, den Direktoren zukommen. Diese Erstattungen wogen gewiß bei weitem nicht die Diebstähle auf, welche man, aus Mangel an Klägern, Angebern und Zeugen, nicht bewahrheiten konnte; allein die Drohungen, die nie streng genug sein können, wirkten doch wenigstens zum Vorteil einiger Familien die glückliche Wiedererlangung der Sachen, welche sie vergebens zurückgefordert hatten. Als uns nun die Verminderung unserer Leiden erlaubte, mehr in der Nähe über die Sicherheit der Kranken und ihres Eigentums zu wachen; da wurde jedem Direktor aufgegeben, Sorgfalt dafür zu tragen und alles in ein Tagebuch einzuzeichnen. Es scheint, als wenn es selbst in der Pestzeit nicht ganz unmöglich wäre, dergleichen Diebstähle zu verhindern. Die Syndici nämlich, denen es nicht unbekannt bleiben darf, wenn in einem Haus alle Personen gestorben sind, bis auf einen noch übrigen Kranken, müßten einen Beichtvater oder Wundarzt, der bei den Hospitälern angestellt wäre, rufen und diesem das freiwillige Unterpfand des Kranken überreichen lassen; denn die, welche diesen letzten Kranken verpflegen, brauchen nicht, wenn sie stehlen wollen, Türen und Schränke zu erbrechen, indem sie unter seinem Kopfkissen die Schlüssel zu allem finden, was er besitzt. Unsere Syndici hatten, zur Zeit der Entpestung oder Reinigung, höchstens nur die Schlüssel zu den verlassenen Häusern; das war so gut als nichts; sie fanden wirklich viele leere Zimmer, als man Anstalt machte, diese zu öffnen, um sie zu reinigen. Ich glaube, daß diese Nachricht unterrichtend für unsere Nachkommen sein kann; ich selbst habe in diesem Fach noch nicht Einsicht genug, um Mittel vorzuschlagen, die wirksam gegen die Plünderung der Sterbenden oder Toten sichern könnten. Selbst dann würden die Ungemächlichkeiten nicht gehoben sein, wenn man die freiwilligen Unterpfänder der Verpesteten solchen Leuten übergeben wollte, die alle Tage gleichfalls krank werden und jene vielleicht nur eine kurze Zeit überleben könnten. Gibt es jedoch ein Mittel; so möchte ich dazu vorschlagen, daß man die Unterpfänder an die Nonnenklöster ablieferte; diese sehe ich als die einzigen sicheren Zufluchtsörter gegen die Pest an, und ich stütze meine Meinung darauf, daß in den Städten Aix, Marseille und Toulon nur sehr wenige solcher Klöster von der Seuche sind angesteckt worden.

48. Kapitel.

Auf welche Weise man eine Stadt von der Ansteckung reinige. Ordnung, welche darin beobachtet werden muß. Gefahr, wenn man sich zu früh des Hausrats u. dergl. bedienen will, indem man nichts weiter zu wagen glaubt.

UM mit Erfolg eine Stadt zu reinigen, in welcher die Pest so grausam, wie damals in Toulon, gewütet hat, muß man die angesteckten Häuser in drei Klassen einteilen. In die erste bringe ich diejenigen, welche weniger verdächtig scheinen, obgleich man Kranke daraus fortgebracht hat, die jedoch nicht aufgehört haben, bewohnt zu sein und in welchen man Kleider gefunden, die im Gebrauch geblieben und die vielleicht sind gereinigt worden.

Ich begreife unter den Häusern der zweiten Klasse diejenigen, in welchen die Merkzeichen der Pest die Einwohner bewogen haben, sie zu verlassen, um auf das Land zu fliehen. Diese Häuser müssen unmittelbar nach den ersten gereinigt werden.

Die dritte Klasse endlich besteht aus solchen Häusern, in welchen die Pest alle Menschen getötet hat. Ich stelle sie in die dritte Klasse, weil ich voraussetze, daß die Schlüssel dazu seien abgeliefert worden, daß man diese Häuser als verlassen bezeichnet habe, und daß man sie nicht anders als mit der größten Vorsicht öffnen werde.

Dies wichtige Geschäft, wovon eine glückliche Zukunft abhängt, auf die man so lange gehofft hat, darf nicht in Eile, noch zu gleicher Zeit unternommen werden; ich denke, wenn man es stückweise vornimmt; so wird die Ausführung weniger beschwerlich, ordentlicher und sicherer vonstatten gehen. Warum wollte man auch eilig dabei verfahren, wenn man dadurch Gefahr läuft, es unvollkommen zustande zu bringen? Etwa um desto früher wieder in Gemeinschaft mit den benachbarten Provinzen zu kommen? Wir werden sehen, daß diese uns noch lange Zeit, und das mit Recht, für verdächtig halten.

Erste Klasse.

SO reingewaschen auch die Häuser der ersten Klasse durch die Eigentümer und Mietsleute sein mögen; so wäre es doch nicht weise gehandelt, wenn man diese Arbeit nicht aufs neue vornehmen wollte. Man muß wohlgewählte Aufseher ernennen, welche die Reinigung einiger Inseln also besorgen, daß sie an einem Tage damit fertig werden. Man muß die Bewohner von dem Tage benachrichtigen, der zu dieser Arbeit bestimmt ist. Es müssen große Kessel, Kübel und Materialien, um Feuer anzuzünden, da hingebracht werden, und von der Anzahl der Raben, die man zu diesem Geschäft notwendig braucht, muß man diejenigen wählen, welche die Pest überstanden und am wenigsten Gelegenheit zu Klagen gegeben haben. Man kocht alles aus, was heißes Wasser vertragen kann; die Strohsäcke werden ausgeleert; mit dem Stroh wird das Feuer unterhalten; man verbrennt die Leinwand, oder woraus sonst die Säcke bestehen, wenn sie in schlechtem Zustand sind; und während dies geschieht, schreitet man zu Reinigung des Hauses. Man geht aus einem Zimmer in das andere, öffnet und leert alle Schränke aus, breitet die Kleinigkeiten, die man nicht hat auskochen können, auf den Boden aus; dann verschließt man alle Fenster und zündet in jedem Zimmer Rauchwerk an, von dem Keller bis zum Speicher hinauf. Ich muß bemerklich machen, daß, weil das Rauchwerk so teuer ist, man den Versuch machte, sich des Schießpulvers zu bedienen und daß man gefunden hat, daß dieser Rauch dieselbe Wirkung tue, wie der von dem gewähltesten Räucherpulver. Ich würde mich also an das Schießpulver halten; doch muß der, welchem die Reinigung aufgetragen wird, mit der Wirkung desselben bekannt sein, um es mit Vorsicht zu gebrauchen und immer nur wenig aufzustreuen. In den Häusern dieser Klasse bedarf es nur einer Räucherung, weil schon der Gebrauch der Kleider, die folglich nicht unberührt liegengeblieben sind, viel dazu beigetragen hat, sie von allem Verdacht der Ansteckung zu befreien.

Zweite Klasse.

NICHTS muß die Reinigung aufhalten, wenn man einmal den Anfang damit gemacht hat. In der Zeit, da man mit den Häusern der ersten Klasse beschäftigt ist, bereitet man alles für die zweite Klasse zu. Diese Unternehmung ist mühsamer, wegen Abwesenheit der Eigentümer und weil man sich erst genau von dem jetzigen Zustand ihrer Familie unterrichten muß, damit man wissen könne, ob man ohne Gefahr eine dieser Personen dürfe rufen lassen, um das Haus und die Zimmer zu öffnen. Ich setze voraus, daß man die Zählung nach der Vorschrift bewirkt habe; dann können die Kommissarien des Gebiets die Richtigkeit derselben leicht bewahrheiten, indem man ja in einer Stadt genau die Namen der Eigentümer und Mietsleute weiß, welche dieses oder jenes Haus bewohnen.

Sobald man in Rücksicht auf die Häuser dieser zweiten Klasse den Entschluß gefaßt hat, wird der Kommissar von dem Tage benachrichtigt, an welchem man sich vorgenommen, die Reinigung anzufangen, zum Bespiel: man wolle täglich zehn Inseln von Nro. 1 bis Nro. 10 reinigen. Der Kommissar sieht in seinem Etat nach, wer die Eigentümer und Mietsleute sind, deren Häuser sich in diesen zehn Inseln begriffen finden; er fertigt einen Erlaubnisschein für eine einzige Person in jeder Familie aus, damit diese, an dem bestimmten Tage sich einstellen und die Zimmer öffnen könne, wobei jedoch zu beobachten ist, daß diese Erlaubnis nur solchen Familien erteilt werde, die seit 40 Tagen außer Verdacht sind. Diejenigen, welchen man gestattet, in die Stadt zu kommen, müssen sich früh morgens einfinden, mit einem Merkzeichen versehen, das sie verhindere, sich anderer Orten zu zeigen. An demselben Tage aber müssen sie auch die Stadt wieder verlassen; denn da es leicht möglich ist, daß, wenn alles in einem verdächtigen Haus aufgeräumt wird, daraus nachteilige Folgen entstehen; so ist es ratsam, die Wirkung davon in einer Wohnung außer der Stadt, die noch als verdächtig zu betrachten ist, abzuwarten, um zu sehen welcher Ausgang erfolgt.

Allein, wird man sagen, die Personen, welche man nötigt, an demselben Tage noch die Stadt zu verlassen, werden ihre Sachen, die man durch kochendes Wasser gezogen hat, nicht trocknen können. Hierauf antworte ich: erstlich würde es gefährlich sein, ihnen ein Nachtlager zu gestatten, teils weil ihr Eintritt in ein nicht sicheres Haus sie von dem Augenblick an verdächtig macht, teils weil die Nacht verhindert, daß man genau ihre Gänge und mit wem sie zusammenkommen, beobachte, wodurch ein Rückfall bewirkt werden kann, gegen den man sich ernstlich verwahren will.

Zweitens haben die Familien, bei Räumung ihrer Wohnung in der Stadt, diejenigen von ihren besten Effekten, die am meisten der Ansteckung unterworfen, besonders die, welche im täglichen Gebrauch sind, auf das Land bringen lassen. Wirklich fanden wir die meisten Häuser leer, indem sowohl die Raben alles weggenommen, was bei den ersten Kranken war gebraucht worden, als auch die Familien selbst alles ausgeräumt, als sie das Haus verlassen hatten.

Drittens: da es nie ist Gebrauch gewesen, gewaschenes Leinenzeug in der Stadt zu trocknen; warum sollte man denn in diesem Fall nicht ebenso wie immer verfahren? Übrigens würde man nie zu Ende kommen, wenn die, deren Häuser gereinigt werden sollen, durch ihr Nichterscheinen einen Aufenthalt verursachten. Man muß ihnen daher ankündigen, daß, sie möchten nun sich selbst einstellen, oder nicht, man dennoch zur Reinigung schreiten würde. Diese Drohung wendete man in Toulon an; und die Schlüssel wurden ohne Verzug gebracht.

Dritte Klasse.

MAN kann unter die Häuser der dritten Klasse fast alle diejenigen begreifen, die von armen Leuten sind bewohnt worden. Diese sind am leichtesten auszuräumen, folglich auch zu reinigen. Hier findet man nun alten Hausrat, der äußerst schmutzig, sehr gefährlich zu berühren, und nur durch das Feuer zu reinigen ist. Bevor man zum Werke schreitet, soll man mehrere Tage hindurch von einem Stockwerk zum anderen räuchern lassen, ohne noch in ein Zimmer zu treten. Dies muß dann in den einzelnen Kammern jedes Geschosses wiederholt werden; und erst wenn der Rauch genug durchgezogen und eingedrungen ist, darf man es etwas sicherer wagen, sich den Sachen zu nähern. Hierauf läßt der, welcher das Räuchern besorgt hat, sie unter seinen Augen von den Raben fortbringen, die, während daß man dies unsaubere Zeug auf der Straße verbrennt, zum letztenmal räuchern. Der Aufseher, welchem das Geschäft der Reinigung übertragen ist, kann nicht wachsam genug über die ihm untergeordneten Raben sein; und um weniger Diebstahl von ihnen besorgen zu dürfen, muß man ihnen kurze Wämser und weite Hosen ohne Taschen geben.

Bei der Übersicht der Häuser dieser dritten Klasse bezeichnet schon das äußere Ansehen die, in welchen man Hausrat finden wird und noch besser kann man dies aus dem Gewerbe derjenigen schließen, welche sie bewohnt haben. Sobald sich das Gerücht verbreitet hat, daß man diese Häuser reinigen werde, verfehlen die rechtmäßigen Erben, oder diejenigen, welche sich dafür ausgeben, nicht, zu verlangen, daß man sie bei Eröffnung eines Hauses gegenwärtig sein lasse, von welchem sie behaupten, daß der darin befindliche Hausrat ihnen durch Erbschaftsrecht zukomme. Es ist billig, daß man das Geschäft in ihrer Gegenwart vornehme, insofern sie dadurch keiner Gefahr ausgesetzt werden; allein man soll auch bewahrheiten, mit welchem Recht sie sich für Erben ausgeben, denn sehr oft erscheinen gerade die wahren Erben nicht. Man muß daher, sobald das Nachlassen der Seuche es erlaubt, ein Gericht niedersetzen, welches über diese Gegenstände erkenne; und hier müssen die Forderungen solcher Leute vorgetragen und erläutert werden.

Ich habe es gesehen, wie viele Ungemächlichkeiten aus der Verabsäumung dieser Untersuchungen erfolgen, wie viele Rechtshändel über Sachen, die man, auf guten Glauben hin, schon geliefert hatte; und ich meine daher, man dürfe diese Bemerkungen, von deren Wichtigkeit ich durch unser Unglück bin überzeugt worden, nicht aus der acht lassen.

Die Reinigung dieser Häuser ist in keinem Stück von der vorigen unterschieden, außer daß, wenn die bekannten Erben sich in dem Gebiet befinden und so gesund sind, daß sie sich selber einstellen können, diese über ihr Eigentum wachen müssen. Sind sie noch in einem Zustand von Ansteckung; so müssen sie jemand in der Stadt bevollmächtigen, der in ihrem Namen handle, weil die Entpestung der Inseln eines Quartiers zu viel Zeit wegnehmen würde, wenn man sie oft unterbrechen müßte.

Ich rate denjenigen, welche in dergleichen Häusern Sachen in Empfang zu nehmen haben, noch mit größerer Aufmerksamkeit, als die, denen das Geschäft aufgetragen ist, über alles, was vorgeht, zu wachen. Sie werden klüglich handeln, wenn sie, nachdem dasjenige, was man in heißem Wasser ausgekocht hat, mit keiner Gefahr mehr droht, und Haus und Zimmer zum letztenmal sind durchräuchert worden, wenn sie, sage ich, die kleineren Stücke mit Zangen angreifen, in den Zimmern ausbreiten, sie von einer Stelle auf die andere und das, was unten gewesen, oben hinlegen, auch das Räuchern so wiederholen, daß der Rauch sich aller Orten mitteile. Durch die Ungeduld, alles in Besitz zu nehmen, kann in einem Augenblick die Frucht der beharrlichen Aufmerksamkeit, mit welcher man für seine Erhaltung gesorgt hat, verlorengehen. Das Beispiel, welches ich anführen will, ist auffallend und zu bestimmt, als daß ich es mit Stillschweigen übergehen könnte.

Der Monsieur de Bonnegrace, ein 60jähriger Edelmann, welcher sich außerhalb gegen die Pest verwahrt hatte, war einer von denen, die Erlaubnis erhielten, in die Stadt zu kommen. Er kam hier am 7. September an, um bei der Reinigung einiges Hausrats gegenwärtig zu sein, den er geerbt hatte. Nichts schien ihm verabsäumt worden zu sein; er glaubte ohne Gefahr alles in Empfang nehmen zu können. Er kehrte am Abend in sein Landhaus zurück, in welchem er krank ankam und ein Päcklein mit Sachen, von denen er glaubte, daß sie seiner Familie Freude machen würden, mit dahin brachte; allein die mit Recht erschrockene Familie öffnete das Päcklein nicht. In der Nacht vom 7. auf den 8. offenbarten sich verschiedene Kennzeichen der Pest an seinem Körper; er starb noch an demselben Tage, schleuniger wie irgendein anderer Kranker, ohne Zeit zu haben, zu beichten, noch Heilungsmittel zu brauchen, ja! nicht einmal, seine Familie anzustecken. Sein Tod hatte weiter keine Folgen.

Man verliert nicht leicht das Andenken an einen ersten und an einen letzten Zeitpunkt der Pest und es wird vielleicht nie vergessen werden, daß ein gewisser Cancelin im Jahre 1721 der erste, und ein Monsieur de Bonnegrace der letzte war, welcher in Toulon die Pest hatten. Und dennoch schmeichelte man sich damals in Toulon, seit 25 Tagen keine Spur mehr von der Pest gefunden zu haben; wäre indessen der Monsieur de Bonnegrace in der Stadt gestorben; so hätte man doch diesen glücklichen Zustand erst vom 8. September an rechnen dürfen. Dieser Vorfall beweist, daß man Recht gehabt hatte, niemand zu erlauben, die Nacht über in der Stadt zu bleiben. Er beweist aber nicht, daß die Stadt gesunder war, als das Gebiet umher. Ein noch zu neuer Anschein von Gesundheit ist immer sehr zweifelhaft. Man muß lange Zeit hindurch jede Gemeinschaft als gefährlich betrachten. Wir haben gesehen, daß Frankreich und ganz Europa gerechte Maßregeln nahmen, um eine solche Gemeinschaft zu hindern, und wieviel Zeit ist nicht erforderlich gewesen, um die Provence von allem Verdacht zu befreien! Wir können und dürfen nur erst nach vielfachen Proben auf einen freien Verkehr Anspruch machen, und in dieser Probezeit müssen wir uns wie Genesende betrachten, die, nach einer überstandenen langen und grausamen Krankheit, nicht genug fürchten können, aufs neue davon befallen zu werden.

49. Kapitel.

Wenn die Seuche nachläßt, ist sie nicht mehr so tödlich. Woher es komme, daß sie in den Handelsstädten der Levante so bald wieder entsteht.

DIE Pest hat nach einiger Zeit bei weitem kein so starkes Gift mehr, das aller Kunst und allen Arzneimitteln widersteht. In der Tat glaube ich nicht, daß in Toulon ein einziger Mensch bei den Versuchen, die wir mit der Entpestung machten, ist angesteckt worden, obgleich wir gesunde Galeerensklaven dazu brauchten, welche uns, um unsere Brigaden vollzählig zu machen, waren geschickt worden; das Übel scheint alsdann in Unwirksamkeit zu sein; jede Plage hat ihre Grenzen; also auch die Pest. Wir sehen sogar, daß in den Handelsstädten der Levante, wo man keine der Vorkehrungen trifft, die in Frankreich üblich sind, die Pest dennoch, wie anderer Orten, aufhört, ohne daß man je daran denkt, irgendeine Reinigung vorzunehmen. Freilich entsteht sie bald wieder aufs neue, weil man weder Mühe anwendet, sich davon zu befreien, noch ihre Quelle zu entdecken. Der Samen wird nicht erstickt, hat aber keine Kraft und kein Gift mehr, bis er mit der Zeit in neue Gärung gerät. Er fordert Zeitigung, um aufzukeimen; jedermann trägt diesen Samen in sich, der, wenn er einen gewissen Grad von Wärme und Gärung erlangt hat, womit wir nicht bekannt sind, sich oft dann zeigt, wenn man es gar nicht erwartet. Vielleicht wird man diese Meinung nicht gelten lassen, allein ich stelle mir die Sache also vor.

Die Entpestung, welche wir in den Lazaretten vornehmen, besteht hauptsächlich darin, daß man alle Waren, welche aus der Levante kommen, der freien Luft aussetzt; die Luft allein reinigt sie besser, als das Räuchern. Da dies Mittel leicht und sicher ist; darf man sich billig darüber wundern, daß Zwang und Drohung nötig sind, um die Einwohner einer von der Pest verwüsteten Stadt zu bewegen, wachsam genug bei der Reinigung ihres Hausrats zu sein, um keinen Rückfall fürchten zu dürfen.

Weil die in Toulon vorgenommene Entpestung keine schädlichen Folgen hatte; wurde sie in dem ganzen Gebiet vorgeschrieben und dort mit noch mehr Ordnung und Leichtigkeit bewirkt. Durch die Pünktlichkeit, mit welcher man die letzten Kranken aus dem Landhäusern fortgebracht, in welchen sie zu wenig Raum zur Wohnung hatten, wurden viele Familien gerettet. Vielleicht war auch nun die Gefahr der Mitteilung geringer, weil die Pest in ihrer Abnahme nicht mehr so bösartig blieb.

Wie dem auch sein möge; so sahen wir uns zu Anfang des Monats September imstande, die Stadttore denjenigen unter unseren auf das Land geflüchteten Bürgern zu öffnen, die eine Bescheinigung von ihrem Kommissar vorzeigen konnten, daß sich seit 40 Tagen in ihrer Wohnung weder Tote, noch Kranke befunden hätten und die zugleich dartaten, daß ihre Häuser in der Stadt waren gereinigt worden. Es ist fast unbegreiflich, mit welchem Eifer viele gesunde Familien verlangten, in eine öde, kaum noch kennbare Stadt eingelassen zu werden, um einen sicheren und ruhigen Zufluchtsort zu verlassen, wo man damals imstande war, sich alle Gemächlichkeiten des Lebens zu verschaffen. Wenn dies Verlangen auch niemand Nachteil brachte; so ist es doch darum nicht zu billigen.

50. Kapitel.
Aufzählung der einzig in der Stadt Toulon umgekommenen Einwohner. Schätzung des ganzen Verlustes an Menschen, den der übrige Teil der Provinz erlitt.

DIE Stadt Toulon weiß nur zu genau die Anzahl der Einwohner, welche sie verloren hat. Da die Kommissarien, sowohl in der Stadt als in dem Gebiet, es sich zur Pflicht gemacht, genaue Verzeichnisse von den Toten und Kranken aufzustellen und die Verwalter in den Hospitälern denselben Gegenstand vor Augen gehabt hatten; glaubte man ohne große Mühe unseren Verlust berechnen zu können, wenn man nur alle diese Tagebücher vergliche und Auszüge daraus machte; allein sie waren nicht genau genug verfaßt und wir konnten daher nicht besser zum Zweck gelangen, als indem wir unsere Nachforschungen auf die Zählung gründeten, die man vor der Pest unternommen hatte. Auch hiervon kann der Nachwelt der Bericht, der in der Tat fürchterlich ist, nützlich werden, weil man allein daraus sich überzeugen kann, wie nötig bei einem solchen Fall die strengste Sorgfalt für die Erhaltung der Einwohner sei. Jede mehr oder weniger bevölkerte Stadt kann daraus lernen, welches Elend sie zu erwarten habe, wenn sie sich nicht durch unser Unglück unterrichten läßt.

Unsere Vorfahren haben uns keine Nachricht hinterlassen, ob die vorigen Anfälle der Pest so mörderisch gewesen sind, als der jetzige; doch redet ihr Stillschweigen deutlich genug. Der Schrecken und die Verwirrung erlaubten ihnen ohne Zweifel so wenig als uns, in unser Archiv die Berichte über so traurige und so mannigfaltige Vorfälle niederzulegen. Ich bin überzeugt, daß sie nicht mehr als wir werden verschont worden sein, und daß man sich vergeblich schmeicheln würde, wenn man glauben wollte, die Pest würde auch in künftigen Zeiten weniger schreckliche Folgen haben. Wir sind so geneigt, uns über Unglücksfälle zu beruhigen, daß wir leicht das Andenken sogar der wirklich erlittenen verlieren. Kaum sahen wir uns von der Pest befreit; so trösteten wir uns über unseren Verlust und redeten mit ebensoviel Kaltblütigkeit davon, als man von einer mißratenen Ernte spricht, oder von dem Schaden, den irgendein vorübergehender Sturm in den Feldern verursacht hat. Diese Gefühllosigkeit ist unbegreiflich; wenigstens sollte uns die Vernunft lehren, gegen ein so fürchterliches Übel, als die Pest ist, ebenso wirksame Vorkehrungen zu treffen, als die sind, durch welche wir mit so viel Sorgfalt den Untergang unserer zeitlichen Güter zu vermeiden suchen.

Schreiten wir zu der Berechnung, die ich versprochen habe! Im Monat August des Jahres 1720 hatte Toulon 26.276 Einwohner, ohne die in den Kasernen liegenden Soldaten der Marine und der Garnison zu rechnen. Nun halte man dagegen den

Auszug aus den Sterbelisten, nach unseren verschiedenen Tagebüchern aufgestellt:

Verzeichnis der Gestorbenen in der Stadt Toulon, in den
Hospitälern und in dem Gebiet.

Gestorbene in der Stadt: --------- 6.476
- - in dem Heilig-Geist-Hospital: 1.434
- - in dem Gerin-Lager: ---------- 1.821
- - in dem Hospital St. Roch: ------- 611
- - in dem Charité-Hospital: ------- 712
- - in dem St. Mandriar-Hospital: - 371
- - in dem Bettler-Hospital: -------- 110
- - in dem Gebiet: ---------------- 1.748
Ganze Zahl der Gestorbenen: -- 13.283

Durch eine neue Zählung, die man, nachdem die Seuche aufgehört hatte, für nötig hielt, erfuhren wir, daß unser Verlust
noch weit größer gewesen war. Es war leicht, eine genaue
Berechnung davon aufzustellen, indem man die Summe, welche
die vor der Pest unternommene Zählung angab, mit der jetzt
herauskommenden verglich. Da fand es sich dann, daß wir gegenwärtig nur 10.493 Einwohner am Leben, folglich über 16.000
verloren hatten. Ich sage über 16.000; denn es starben viele
Fremde in Toulon, die in der ersten Zählung nicht waren begriffen gewesen. Nachdem wir diesen traurigen Punkt zur Gewißheit gebracht hatten, wollten wir auch noch die Anzahl derer
erfahren, die nicht krank gewesen; und derer, die genesen
waren. Die Anzahl der ersteren stieg nicht viel über 6.000 und
nach Maßgabe derselben Berechnung war es leicht, zu schließen, daß unter 20.000 und mehr Kranken nur ungefähr 4.000
dem Tode entgangen waren.

Nun denke jeder über diese grausame Begebenheit nach und
urteile, ob nicht, wenn man besser gewußt hätte, welch eine
Plage die Pest ist und welch eine erschreckliche Sterblichkeit sie
nach sich zieht, sie gewiß weniger Verwüstung angerichtet

haben würde, indem man ohne Zweifel bessere Vorkehrungen getroffen hätte. Vergessen wir auch nicht, daß man oft in sein Verderben rennt, wenn man aus Furcht die Flucht nimmt und eine Wohnung verläßt, die, wenn auch rund umher die Pest wütet, dennoch für sie undurchdringlich sein würde, wenn man sein einziges Studium daraus machen wollte, sich dagegen zu verwahren. Fragen wir nur die gesunde Vernunft um Rat; allein verlieren wir auch ihren Gebrauch nicht, mitten unter so vielen Greueln; denn nie ist sie uns nötiger. Es ist der Klugheit gemäß, sich zu fürchten und man kann nicht furchtsam genug sein; allein es ist auch gefährlich, sich durch die Furcht auf Abwege leiten zu lassen. Sie ist eine böse Führerin; sie beredet uns, einen Abgrund zu vermeiden, den wir sehen, und läßt uns bei dem ersten Schritt in einen anderen fallen, den wir nicht gewahr werden.

Alle Gemeinen, woraus das Gebiet von Toulon bestand, wurden entvölkert. Vielleicht erinnert man sich's kaum noch, daß damals 60 Städte und Dörfer in der Provence ein gleiches Schicksal hatten; ich halte es daher nicht für unnütz, das Verzeichnis derselben am Ende dieses Kapitels einzurücken; und dies Verzeichnis berechtigt uns, den Verlust, den diese unglückliche Provinz erlitt, auf zweimal 100.000 Seelen anzuschlagen. Die einzige Stadt Marseille, eine der bevölkertsten in Frankreich, in welcher man Haufen von Leichen auf den öffentlichen Plätzen liegen sah und deren Verlust an Einwohnern man nie genau erfahren hat, weil die Pest zu unerwartet kam, als daß man eine Zählung hätte vornehmen können, wird allein schon beweisen, daß meine Behauptung nicht übertrieben ist. Ich gründe meine Meinung noch darauf, daß die Pest kein bald vorübergehendes Übel war, sondern ein Jahr hindurch mit so viel Heftigkeit anhielt, daß sie nirgends erlaubte, mit Muße die Zählung ihrer Schlachtopfer zu bewirken.

Verzeichnis der Städte, Flecken und Dörfer, in welche die Seuche eingedrungen ist.

Aix. Apt. Aubagne. Alauch. Arles. Auriol. Bandol. Berre. Cucurron. Corbières. Caseneuve. Cassis. Forcalqueiret. Frigolet. Gaubert. Gignac. Gemenos. Gareoult. Graveson. Gardanne. Le Puget. La Garde. Le Revest. La Seine. La Valette. Le Canet. Le Puy. Les Pennes. Lancon. Meyrargues. Marseille. Martigues. Mazargues. Maillanes. Noves. Neoules. Nans. Ollioules. Orgon. Pelissane. Pertuis. Roussillon. Rognac. Rustrel. Roquevaire. S. Nazaire. Ste. Anastasie. Suc. Sallon. S. Remi. S. Savournin. S. Canadet. S. Zacharie. Ste. Marguerite. Simiane. Sainte Tulle. Sixfours. Toulon. Tarascon. Vaugines. Venelles. Villars. Vitrolles.

51. Kapitel.

Te Deum, welches am Dankfest, nachdem die Pest aufgehört hatte, gesungen wurde. Totenamt, zum Andenken der beiden Bürgermeister, welche im Dienst des Vaterlandes umgekommen waren. Öffentliche Erklärung, daß die Seuche aufgehört habe. Bemerkungen über diese Akte.

DIE erste Pflicht, welche wir, nachdem die Pest aufgehört, zu erfüllen hatten, war, dem Höchsten feierliche Dankopfer für die gnädige und barmherzige Errettung zu bringen, der er uns gewürdigt hatte. In dieser Absicht wurde in der Hauptkirche, am 30. Oktober, unter Läutung der Glocken und dem Donner der Kanonen, das *Te Deum* gesungen; die Truppen, welche bis dahin in den Kasernen gelegen hatten, traten unter Gewehr, um an der öffentlichen Freude teilzunehmen.

Ich weiß nicht, ob man diese gottesdienstliche Handlung, unter den Umständen, in welchen wir uns befanden, billigen könne. Mich dünkt, wenn man es genau überlegt; so wird man finden, daß es sehr gefährlich war, so eine allgemeine Zusammenkunft der Einwohner zu veranstalten und daß wir zu sehr eilten, eine Genesung auf die Probe zu setzen, die man allenfalls noch für zweifelhaft halten dürfte.

Eine andere gottesdienstliche Handlung, zu welcher uns zugleich Liebe und Dankbarkeit aufriefen, glaubten unsere Bürger und wir nicht verschieben zu dürfen, nämlich die Seelenmesse, welche wir den beiden Bürgermeistern schuldig waren, die im Dienst des Vaterlandes ihr Leben verloren hatten. Der Herr Bischof war so gütig, selbst das Hochamt mit aller Feierlichkeit zu halten. Man hatte einen, mit Sinnbildern tiefer Trauer verzierten Katafalk aufgerichtet, in dessen vier Winkeln man auf Schildern, mit dem Wappen der Stadt, die Inschrift las: *Huc nos patriae pietas.* Unsere Bürger und alle militärischen Korps ehrten diese Handlung durch ihre Gegenwart. Ich war damals der einzige Bürgermeister und wohnte diesem Trauergepränge ohne Auszeichnung, ohne Pomp und ohne Gefolge bei. Ich dankte jedem Korps einzeln für den Anteil, den es an der Trauer der Stadt zu nehmen die Güte hatte.

Es ist gebräuchlich (und die Herren Ratsschöffen von Marseille hatten uns das Beispiel davon gegeben) daß, wenn eine Stadt von der Pest ist heimgesucht worden, sie durch eine öffentliche Urkunde bekanntmachen muß, daß die Seuche aufgehört habe, damit die Nachbarn, die anderen Provinzen und die fremden Nationen bewogen werden, mit ihr Handel und Verkehr zu erneuern. Da andere Städte einst das Unglück haben können, in die Notwendigkeit zu kommen, sich diesem Gebrauch zu fügen; so habe ich geglaubt, es würde nützlich sein, wenn ich hier die Akte abdrucken ließe, welche die Stadt Toulon zu diesem Endzweck ausfertigte.

Urkunde und Erklärung
über den Zustand der Gesundheit in der Stadt Toulon, in ihrem Gebiet und in allen Ortschaften des Bezirks, welche die Ansteckung betroffen hat.

„Demnach heute, am 7. November 1721, Monsieur Dupont, Brigadier in Diensten des Königs, Kommandant in der Stadt Toulon und im Lande, und ferner Monsieur d'Antrechaus, erster Bürgermeister, Königsleutnant im Gouvernement der Stadt und Erbherr von Lavaldardenne, sich auf dem Rathaus mit den vornehmsten Munizipalbeamten, den Aufsehern über Gesundheit und Polizei, den Hospitaldirektoren, allen Landkommissarien und mit anderen angesehenen Bürgern, nebst den Bürgermeistern der Örter Ollioules, Revest, La Valette, La Seine, St. Nazar, La Garde, Sixfours und St. Margaretha, versammelt hatten; geschah durch Monsieur d'Antrechaus, erstem Bürgermeister, der Antrag: wie, daß es schicklich sein würde, um das Vertrauen unserer Nachbarn und der fremden Nationen zu gewinnen, durch eine Akte den guten Zustand öffentlich zu beurkunden, in welchem sich diese Stadt befände, maßen dieselbe seit 80 Tagen kein Merkzeichen von Ansteckung weiter verspürt hätte; daß man am 18. des Oktobermonats die letzte Gesundheitsquarantäne angefangen; daß am 31. desselben Monats, tags vor Allerheiligen, das *Te Deum*, zum Dank für die Befreiung von der ansteckenden Seuche, gesungen worden, und daß alle benachbarten Örter, um die Stadt herum, deren Bürgermeister, welche sich hier gegenwärtig befänden, Zeugnis von der Gesundheit derselben geben könnten, nachdem sie desfalls einen Eid würden geleistet haben, mit in dieser Urkunde begriffen sein sollten.

Diesem Antrag gemäß nun, erklären wir: Kommandant, Bürgermeister, Munizipalbeamte, Bürger und Versammlung, und bezeugen: daß seit dem 18. des Monats August, weder Tote noch Kranke, von der Seuche angesteckte, in der Stadt Toulon befindlich gewesen; daß in dem ganzen Bezirk ihres Gebiets, seit dem 7. September, niemand von dieser Krankheit befallen, ausgenommen den Monsieur de Bonnegrace, im Quartier des Routes, als welcher am 8. abends gestorben; daß die Stadt während dieser Zeit dreimal mit aller Aufmerksamkeit und Pünktlichkeit durch Rauch und Feuer gereinigt worden; daß wir am 18. Oktober, nach 60 Tagen, eine letzte Gesundheitsquarantäne angefangen, welche mit dem 27. dieses Monats abläuft, in welcher Zeit wir den Herrn Bischoff ersucht, ein Dankfest zu feiern, da dann am letzten Oktober in der Kathedralkirche das *Te Deum* gesungen worden, bei welchem er selbst, unter Läutung der Glocken und dem Donner der Kanonen, bei ungewöhnlichem Zulauf von Menschen, das Hochamt feierlich gehalten.

Welchergestalt auch, zum Besten dieser Stadt und zu Wiederherstellung ihres Handels, daran gelegen, daß durch die gegenwärtige Urkunde der gute Zustand, in welchem sich alle benachbarten Örter befinden, nicht weniger bekräftigt, und daher bekanntgemacht werde, daß alle diejenigen besagten Örter, welchen der freie Eingang in Toulon erlaubt ist, gesund und von der Ansteckung befreit seien; als haben die Bürgermeister von Ollioules eidlich in dieser Versammlung ausgesagt: sie hätten keine Pestkranken noch Tote in ihrem Ort gehabt, seit dem 10. August.

Die von Revest: seit dem 25. Juli;

Die von La Valette: seit dem 2. Juli;

Die von La Seine: seit dem 31. August;

Die von St. Nazar seit dem 15. August;

Die von La Garde: gleichfalls seit dem 15. August;

Die von Sixfours: seit dem 6. September;

Die von St. Margaretha: seit dem 1. August;

Nachdem nun vorstehende Erklärungen in unserer Gegenwart durch die erwähnten Herren Bürgermeister gegeben worden; haben wir gegenwärtige Urkunde ausgefertigt und unterzeichnet. So geschehen an und in oben gemeldetem Ort, Jahr und Tag."

Wenn man bei Lesung dieser Akte ein wenig nachdenkt; so wird man ihre Mitteilung hier nicht unnütz finden. Es muß gewiß auffallen, daß eine so übelzugerichtete Stadt, wie Toulon, und ein Gebiet, das durch die Pest gänzlich zerstört war, beide zu gleicher Zeit wieder davon befreit wurden. Denn wenn auch einige unserer Gemeinen erst einen Monat später dies Glück hatten; so ist es auch bekannt, daß manche einen Monat früher waren angesteckt worden. Die Pest hat also, wie die anderen Krankheiten, ihren Anfang, ihre Fortschritte und ihr bestimmtes Ziel. Die Hauptsache kommt darauf an, zu verhindern, daß sie nicht aufs neue entstehe, und desfalls muß man mit der genauesten Pünktlichkeit, die Örter reinigen, wo sie ihren Samen kann zurückgelassen haben. Nur der Nachlässigkeit, mit welcher Untersuchungen, die dahin abzielen, in den Handelsstädten der Levante angestellt werden, hat man es zuzuschreiben, daß man dort so oft Rückfälle leiden muß, weil man es sich nicht angelegen sein läßt, diesen vorzubauen. Laßt uns besser auf unserer Hut sein, und um dies desto gewisser zu erlangen, laßt uns, in einer Stadt, in welcher die Pest nachgelassen hat, den Zeitpunkt eines freien Verkehrs so viel möglich verschieben!

In der Tat kann man nicht wohl eine Gegend für völlig gesund halten, welche die Pest noch kürzlich entvölkert und verwüstet hat. Wer möchte es wagen, ein wirklich gesundes Land zu verlassen, um in ein anderes zu ziehen, in welchem die ganze Sicherheit auf dem sehr trüglichen Mittel der Reinigung und Räucherung beruht und wir keine zuverlässigere Gewährleistung haben, als die Zuversicht zu einer öffentlichen Erklärung, die durch den geringsten kleinen Umstand widerlegt werden kann? Es würde wohl unmenschlich sein, von anderen zu fordern, daß sie etwas wagen sollten, was wir an ihrer Stelle nicht wagen würden; und doch tut man das, durch solche vorgreifende Erklärungen. Warum will man nicht warten? Warum so früh das *Te Deum* anstimmen? Wozu die wiederholten Ausfertigungen von Urkunden, die nur eine übelangebrachte Eilfertigkeit anzeigen? Wenn ich auch diese Urkunden nicht für verführerisch ansehen will; so scheinen sie mir doch wenigstens sehr unnütz; die nackte Wahrheit dringt von selber durch und sie allein kann unseren Zeugnissen Gewicht geben. Man täusche sich nur nicht! Immer ist man, selbst ohne es zu wollen, geneigt, seinen Zustand anders, als er ist, darzustellen. Wer das, was ich hier sage, mit einiger Aufmerksamkeit liest, würde den Beweis davon ohne große Mühe finden; um ihm diese indessen ganz zu ersparen, will ich mich deutlicher erklären.

Nichts ist gewisser, als daß Monsieur de Bonnegrace, von welchem in der Erklärungsakte geredet ist, der letzte Kranke und letzte Tote in unserem Gebiet war, und daß der Zeitpunkt seiner Krankheit und der seines Todes richtig durch den 7. und 8. September angegeben wurden; allein da die Wahrheit es mir nicht erlaubt hat, zu verhehlen, daß dieser Bürger am 7. in Toulon gewesen, wo er ohne Zweifel angesteckt worden war; hätte man erst von dem Tage an den letzten Kranken in der Stadt zählen sollen. Nun waren aber vom 7. September bis zum 7. November, an welchem Tage jene Urkunde ausgefertigt wurde, nur 60 Tage verflossen; und doch erklärte man darin, es sei seit 80 Tagen keine Spur von Ansteckung in der Stadt gewesen. Freilich verließ dieser Kranke die Stadt, um auf dem Lande zu sterben; auch mag er sich vielleicht nicht eher, als bei seiner Abreise für krank erkannt haben; allein es bleibt doch immer wahr, daß man, nach einem solchen Vorfall, nicht hätte erklären sollen, daß wir 80 Tage hindurch vollkommen ohne Ansteckung gewesen wären.

Noch ist zu bemerken, daß, wenn es an guten und gültigen Gründen fehlt, aus welchen man einen vollkommen sicheren und seit längerer Zeit bestehenden Gesundheitszustand beweisen könnte, man zuweilen prächtige Ausdrücke braucht, die übel zu der wirklichen Lage passen, die aber den Fremden Sand in die Augen streuen und sie das glauben machen können, wovon man sie gern überreden will.

So haben wir zum Beispiel nicht verfehlt, indem unsere Erklärungsakte genau nach der, welche in Marseille ausgefertigt worden, eingerichtet war, Erwähnung von dem *Te Deum* zu tun, welches bei großem Zulauf von Menschen wäre gesungen worden. Aber, o Gott! wo war dieser Zulauf? Durfte man ehrlicherweise etwas davon sagen? Konnten die Fremden es glauben, dieser Zulauf sei so zahlreich gewesen, als wir es zu verstehen geben wollten; in einer Stadt, welche die Pest zehn ganze Monate hindurch so grausam entvölkert hatte und die vielleicht in länger als 30 Jahren nicht aufgehört haben würde, öde zu sein, wenn nicht neue Einwohner sich darin niedergelassen hätten?

Ich meine also, man müsse allein von der Zeit die Gewißheit eines guten Zustandes in einer Stadt erwarten und man habe Recht, sich nicht auf die öffentlichen Erklärungen zu verlassen, welche sie aller Orten auszustreuen sich angelegen sein läßt. Auch wurde Toulon nicht eher für befreit angesehen, noch ihr, selbst in der Provinz, der Verkehr erlaubt, als am 9. Februar 1722. Die Vorsicht, die man endlich gegen alles brauchte, was angesteckt gewesen war, ist auf alle Weise löblich; man kann sie nicht zu früh anwenden und nie zu spät damit aufhören.

Hier würde ich nun mein Werk schließen, wenn ich nicht der Nachkommenschaft melden müßte, daß, nachdem wir kaum aus der betrübten Lage, die ich beschrieben habe, waren erlöst worden, Toulon und die ganze Provence unfehlbar wieder würde hineingestürzt worden sein, wenn man gewisse Verordnungen befolgt hätte, die man diesmal zu übertreten, sich berechtigt glaubte.

52. Kapitel.
Die Stadt Marseille leidet einen Rückfall. Toulon kann nie sicherere Maßregeln nehmen, als die waren, welche sie bei dieser Gelegenheit nahm.

DIE Pest, die man in der Provence erloschen glaubte, erschien wieder in derselben Stadt, in welcher sie zuerst entstanden war. Die öffentliche Gesundheitsakte, die man in Marseille ausgefertigt hatte, bekam im Monat April 1722 einen Stoß. Dieser Zeitpunkt ist noch belehrender, als er merkwürdig ist; schon er allein erinnert an alle meine vorigen Bemerkungen und bekräftigt sie. Was hatten die verständigen und wachsamen Ratsglieder unterlassen, um sich vor einem Rückfall zu sichern?

Wieviel Sorgfalt, wieviel Arbeit, wieviel Kosten waren nicht angewendet worden, um dahin zu gelangen! Allein ein Rückfall hängt von so kleinen Umständen ab, daß die ganze menschliche Klugheit es nicht immer vermag, ihm vorzubeugen; und je größer eine Stadt ist, um desto schwerer wird es, die Ursache zu entdecken. Man nahm aufs neue seine Zuflucht zu den Berichten der Ärzte, welche darauf beharrten, kein Merkzeichen von Pest an den Kranken wahrzunehmen, die man damit behaftet glaubte. Die dazu berufenen Wundärzte hingegen behaupteten, die Ansteckung sei augenscheinlich; und dennoch wollte man auch diesmal verblendet sein.

Wenn diese Verblendung sich nicht in dem ganzen übrigen Teil der Provinz ausbreitete; so lag die Schuld nicht an dem neuen Kommandanten, dem das Gouvernement derselben anvertraut war; diesen hatte man so fest überzeugt, es sei nur ein falscher Lärm, daß er den Befehl gab, die Gemeinschaft mit der Stadt Marseille fortzusetzen. Es war aber nicht mehr Zeit, eine so lange beunruhigte Provinz durch zweideutige Berichte und leere Worte sicher zu machen; wir waren alle auf der Hut gegen Vorurteile, die uns einst getäuscht hatten und mißkannten nicht mehr die Klippen, an welchen wir gescheitert waren. Die Pest offenbarte sich von Tag zu Tag deutlicher in Marseille und da in den ersten Tagen der Verkehr zwischen dieser Stadt und der Provinz noch nicht gänzlich unterbrochen wurde, hatte diese alles zu befürchten. Als sich aber endlich das Gerücht von der wirklichen und unbezweifelten Pest von allen Seiten her bestätigte; tat jede Stadt aus eigener Bewegung, was sie für ihre Sicherheit als notwendig erachtete.

Monsieur Dupont, Kommandant in Toulon und in dem Lande, hielt es für schicklich, eine allgemeine Versammlung zu berufen, die er auf den 11. Mai ankündigte. Er lud nicht nur die Bürgermeister der Städte und Dörfer seines Departements dazu ein, sondern auch diejenigen, welche wegen ihrer Nachbarschaft oder sonst wegen der Lage des Gebiets, in dieser gemeinschaftlichen Angelegenheit mit wirksam sein konnten. An diesem Tage, an welchem der Kommandant in der Versammlung den

Vorsitz hatte und auch ich mich, als oberster Stadtrichter, gegenwärtig befand, machte er bekannt, daß, da die Pest ganz gewiß in Marseille wäre, man ernstlich und ohne Aufschub daran denken müßte, bessere Vorkehrungen zu treffen, als ehemals geschehen wäre. Man vernahm von jedem der Bürgermeister, welches die Zugänge wären, die ihre Einwohner zu bewachen haben würden. Nachdem man über diese vorläufigen Punkte einig war, wurde durch Beratschlagung einstimmig entschieden, daß man, bis auf weitere Verordnung, nichts auf der Welt, was es auch sein möchte, von anderen gesunden oder angesteckten Orten her an- und aufnehmen wollte; die Bewachung der Zugänge aber wurde auf folgende Weise festgesetzt:

Toulon übernahm die Bewachung aller seiner nahegelegenen Gegenden; ein leichtes Geschäft, wenn jede Gemeine ebenso aufmerksam auf seine Zugänge acht hat!

Veres bekam zu seinem Anteil an der Seeseite die Posten von den Salinen, La Manarre, L'Aire de Giens, Les Pesquiers, Le Ceinturon, Gapeau, Les Salins, Le Cap de Conque, L'Argentière und Eoubé.

Solliers die nahen Gegenden seines Gebiets nach der Seite hin von Cuers, Belgencier, Moulèires, Valauri und La Farlede.

Belgencier die Wege nach Meounes und Monrieu.

Meounes die Zugänge nach der Seite von Signe und La Roque hin.

Signe die Zugänge zu seinem Gebiet durch Cuges und La Roque.

La Valette die Zugänge zu diesem Ort durch S. Jean de Tourris.

La Garde die Seeseite und das Quartier von Bonnete.

La Seine den Weg von Ollioules her und an der Seeseite Faubregas und S. Elme.

Sixfours den Zugang von Aran her und in Gemeinschaft mit S. Nazaire und Le Brusq an der Seeseite.

St. Nazaire die ganze Küste seines Gebiets.

Le Castelet den Weg von Marseille nach der Seite von Conil hin über dem Wirtshaus an der Heerstraße, *Le Brulé* genannt.

La Cadiere, die Lesques, La Mandrague und den Hafen von Aran an der Seeseite, nach der Landseite hin aber das Tor S. André und zum Teil S. Esteve und die Brücke bei Aran. Evenos die Posten von der Gorge de Broussan, S. Esteve und Lambert.

Le Beausset sollte vier Männer stellen, zur Mitbewachung der Posten von S. Esteve, von Brulé und S. François.

Le Revest den Posten nach der Seite von Orves hin.

Nachdem jede Gemeine sich verbindlich gemacht hatte, wechselseitig das Ihrige zu Bewachung dieser verschiedenen Posten beizutragen, wurde den Bürgermeistern aufgegeben, Monsieur Dupont über die geringsten Begebenheiten, welche vorfallen könnten, Bericht zu erstatten, um ihn in den Stand zu setzen, mit Schnelligkeit Gegenanstalten zu treffen; und da dieser Beschluß dahin abzielte, durchaus allen Personen, welche von Marseille oder anderen angesteckten Orten herkommen würden, den Eingang zu verweigern; machte man nur zum Vorteil solcher Einwohner eine Ausnahme, die sich durch Zufall dort gegenwärtig befinden würden. Allein man entschied doch, daß sie mit einem Geleit von Dorf zu Dorf gebracht werden sollten, ohne mit jemand Verkehr haben zu dürfen, bis sie in ihrem Wohnort angekommen sein würden, woselbst man ihnen eine Quarantäne von 40 Tagen auflegen sollte.

Ich glaube hinzufügen zu müssen, daß, wenn mehrere Gemeinen sich verbinden, ein gemeinschaftliches Oberhaupt anerkennen und von diesem Rat, Unterricht und Befehl annehmen, sie es in der Pestzeit dahinbringen können, sich gegen den Sturm zu schützen; statt daß, wenn sich jede insbesondere Gesetze und Vorschriften nach Willkür auflegt, und sonst keine Verabredung oder Einförmigkeit unter ihnen herrscht, sie sich nur verbinden und übereinstimmen, um sich einer gleichen Gefahr auszusetzen.

Wollte von der anderen Seite ein gesundes Land sich zu strenge Regeln vorschreiben und aufhören, den Nachbarn nützlich zu werden; so würde eine durch die Pest verheerte Stadt bald ganz verlassen und aller der Hilfe beraubt sein, die sie das

Unglück hat, sich nicht mehr selbst leisten können. Es ist der Gerechtigkeit gemäß, den Beistand, welchen wir ihr schuldig sind, mit unserer Sicherheit zu verbinden; aber um dies zu erlangen, würde ich anraten, nach Verhältnis der Größe einer Provinz, in welche die Pest eingedrungen ist und in der man doch den Handel einigermaßen unterhalten und begünstigen muß, die Zahl der Ämter zu vermindern. Man zählt, zum Beispiel, 36 in der Provence. Man sollte sie während der Pestzeit auf zehn einschränken, und in jedem dadurch vergrößerten Amt eine Gemeine wählen, um innerhalb den Grenzen desjenigen Dorfes, welches dem angesteckten Ort am nächsten läge, einen täglichen Markt anzulegen. Diese zehn Märkte, die man als ebenso viele Messen betrachten könnte, würden der ganzen Provinz einen allgemeinen Nutzen schaffen, besonders, wenn jedes nun vergrößerte und zahlreicher gewordenes Amt auf gemeinschaftliche Unkosten einen Aufseher und eine beständige Wache anstellte, um für die Ordnung und Sicherheit auf jedem Markt zu sorgen.

Wir denken nicht daran, daß wir in gewöhnlichen und ruhigen Zeiten ungefähr dasselbe tun und daß diese Art von Handel das ganze Jahr hindurch dauert. Denn die, welche die großen Märkte nicht besuchen, kaufen ja von denen, welche dort gewesen sind; und auf diese Weise nimmt jeder Anteil an dem Einkauf, der daselbst geschehen ist. Nur müßten dann jene Märkte nicht an den Örtern gehalten werden, die gewöhnlich dazu bestimmt sind, sondern man müßte sie, wie schon gesagt worden, an die Grenzen an gewisse Plätze hin verlegen. Die von dem Pestort am weitesten entfernten Ämter würden das Ihrige zu dem Markt der benachbarteren beitragen; alle würden sich einander ihre Produkte, ihr Vieh und ihre Kaufmannsgüter in die Hände liefern; und so würden dann die Märkte, die dem angesteckten Ort am nächsten wären und für die eine Entfernung von einer starken französischen Meile am schicklichsten scheint, Überfluß genug haben, um täglich die Bedürfnisse der bedrängten Nachbarn befriedigen zu können. Durch dies Mittel würde allem Mangel abgeholfen werden, und an Absatz kann es da nicht fehlen, wo so vielerlei erfordert wird.

Wie es auch kommen und welchen Weg man auch einst einschlagen möchte; so glaube ich, daß wenn die Stadt Toulon sich je wieder gegen die Pest zu verwahren hätte, sie keine sicherere Maßregeln nehmen könnte, als die waren, welche man in dem Entwurf vom 11. Mai 1722, der in unser Archiv niedergelegt ist, festsetzte. Dieser Plan ist aller Orten ausführbar; jede Stadt kann ihn befolgen, wenn sie keinen besseren erfindet. Durch Hilfe einer ebenso notwendigen als unvermeidlichen Strenge, werden wir dann nicht mehr der Gefahr ausgesetzt sein, unsere Wohnungen entvölkert zu sehen und einen ungeheuren und fruchtlosen Kostenaufwand zu machen, von welchem eine Gemeine sich nicht wieder erholen kann.[22]

ENDE.

---

[22] Anm. d. Übers.: Nun folgen im Französischen die Briefe, von welchen am Ende des 44. Kapitels ist geredet worden und deren Übersetzung man für unnütz gehalten hat.